Maria José Alves Mendonça
Juliana Gutierres Penna Almendros Perozin

Planejamento e Organização de Eventos

1ª Edição

Av. Dra. Ruth Cardoso, 7221, 1º Andar, Setor B
Pinheiros – São Paulo – SP – CEP: 05425-902

SAC Dúvidas referente a conteúdo editorial, material de apoio e reclamações:
sac.sets@somoseducacao.com.br

Direção executiva	Flávia Alves Bravin
Direção editorial	Renata Pascual Müller
Gerência editorial	Rita de Cássia S. Puoço
Editora de aquisições	Rosana Ap. Alves dos Santos
Editoras	Paula Hercy Cardoso Craveiro
	Silvia Campos Ferreira
Assistente editorial	Rafael Henrique Lima Fulanetti
Produtor editorial	Laudemir Marinho dos Santos
Serviços editoriais	Juliana Bojczuk Fermino
	Kelli Priscila Pinto
	Marília Cordeiro
Preparação e revisão de texto	Queni Winters
Diagramação	ERJ Composição Editorial
Capa	Maurício S. de França
Impressão e acabamento	Forma Certa

DADOS INTERNACIONAIS DE CATALOGAÇÃO NA PUBLICAÇÃO (CIP)
(CÂMARA BRASILEIRA DO LIVRO, SP, BRASIL)

Mendonça, Maria José Alves
 Planejamento e organização de eventos / Maria José Alves Mendonça, Juliana Gutierres Penna Almendros Perozin. – 1. ed. – São Paulo : Érica, 2014.

 Bibliografia
 ISBN 978-85-365-0650-0

 1. Eventos especiais - Administração I. Perozin, Juliana Gutierres Penna Almendros. II. Título.

14-01012 CDD-060.6

Índices para catálogo sistemático:
 1. Eventos : Organização   060.6
 2. Organização de eventos   060.6

Copyright © Maria José Alves Mendonça
2019 Saraiva Educação
Todos os direitos reservados.

1ª edição
5ª tiragem: 2019

Nenhuma parte desta publicação poderá ser reproduzida por qualquer meio ou forma sem a prévia autorização da Saraiva Educação. A violação dos direitos autorais é crime estabelecido na Lei n. 9.610/98 e punido pelo art. 184 do Código Penal.

| CO | 8857 | CL | 640508 | CAE | 585265 |

Agradecimentos

Agradeço à minha mãe, que sempre foi um exemplo para a minha vida, pelo seu apoio e incentivo. Ao meu pai, que, de onde estiver, está olhando por mim. Aos meus irmãos, Mônica e Rogério, que me incentivam o tempo todo. Aos meus amigos Jayme, Shirlei, Cris, Luiz e Eliezer, pela força. Um agradecimento especial à minha amiga Juliana Gutierres, que aceitou encarar este desafio comigo, e à professora Esmeralda Serpa, que me proporcionou a oportunidade de desenvolver este projeto.

Maria José Alves Mendonça

Agradeço aos meus pais, Sonia e Luiz, pela educação que me deram e por me fornecerem a base necessária para a minha vida. Ao meu irmão Lucas (*in memoriam*), que está em meus pensamentos diariamente, e à minha irmã Mariana, por existir em minha vida. Agradeço especialmente ao meu marido, Paulo, parceiro e companheiro de todas as horas, por me incentivar e me apoiar em todos os momentos. Agradeço também à minha professora, amiga e excelente profissional Maria José, pelo convite do desafio.

Juliana Gutierres Penna Almendros Perozin

Este livro possui material digital exclusivo

Para enriquecer a experiência de ensino e aprendizagem por meio de seus livros, a Saraiva

Educação oferece materiais de apoio que proporcionam aos leitores a oportunidade de ampliar seus conhecimentos.

Nesta obra, o leitor que é aluno terá acesso ao gabarito das atividades apresentadas ao longo dos capítulos. Para os professores, preparamos um plano de aulas, que o orientará na aplicação do conteúdo em sala de aula.

Para acessá-lo, siga estes passos:

1) Em seu computador, acesse o link: http://somos.in/POE1

2) Se você já tem uma conta, entre com seu login e senha. Se ainda não tem, faça seu cadastro.

3) Após o login, clique na capa do livro. Pronto! Agora, aproveite o conteúdo extra e bons estudos!

Qualquer dúvida, entre em contato pelo e-mail suportedigital@saraivaconecta.com.br

Sobre as autoras

Maria José Alves Mendonça

Bacharel em Turismo pela Universidade Anhembi Morumbi (2000). Pós-graduada em Comunicação e Mídia pela Universidade Paulista UNIP (2009). Formada em Licenciatura pelo Programa Especial de Formação Pedagógica Licenciatura Nível Técnico da Faculdade de Tecnologia de São Paulo (2009). Professora dos Cursos Técnicos em Eventos e Agenciamento de Viagens pela Escola Técnica Estadual de São Paulo (ETEC), ligada ao Centro Estadual de Educação Tecnológica Paula Souza do Governo do Estado de São Paulo desde 2002. Ex-coordenadora do Curso Técnico em Eventos da ETEC. Atua também como orientadora dos projetos de conclusão de curso da mesma instituição de ensino desde 2003. Atuou como professora emergencial no curso de Turismo da Faculdade de Tecnologia de São Paulo.

Juliana Gutierres Penna Almendros Perozin

Técnica em Turismo pela Escola Técnica Estadual de São Paulo (2003). Bacharel em Turismo pela União das Faculdades dos Grandes Lagos (2010), em São José do Rio Preto (SP). Licenciada em Turismo pelo Programa Especial de Formação Pedagógica de Docentes para as Disciplinas do Currículo da Educação Profissional de Nível Médio do Centro Paula Souza (2012), pela Faculdade de Tecnologia de São José do Rio Preto (SP). Especialista em Educação Ambiental pelo Centro Universitário Barão de Mauá (2013), em Ribeirão Preto (SP). Professora de Turismo no Ensino Fundamental na Estância Turística de Ibirá (SP) em 2009. Professora do Centro Paula Souza desde 2010, atuando nos cursos técnicos de Turismo Receptivo e Eventos e Hospedagem. Atuou como coordenadora de curso técnico e coordenadora pedagógica na ETEC de Novo Horizonte. Atualmente, na ETEC de Olímpia, atua junto ao corpo docente no Técnico em Hospedagem. Em 2013, assumiu a Coordenação do Bacharel em Turismo na União das Faculdades dos Grandes Lagos, em São José do Rio Preto (SP), fazendo parte do corpo docente na instituição de nível superior.

Sumário

Capítulo 1 - O Mercado de Eventos 11

1.1 Panorama do setor de eventos 11
1.2 Panorama do mercado de eventos na América Latina 13
1.3 Panorama das principais cidades do mundo que realizam eventos 13
1.4 Expectativas do setor de eventos no Brasil 16
Agora é com você! 18

Capítulo 2 - Definição e Características dos Eventos 19

2.1 Contexto histórico 19
    2.1.1 O surgimento do turismo organizado e os eventos 22
    2.1.2 A evolução dos eventos no Brasil 24
2.2 Definição e características dos eventos 25
    2.2.1 Critérios para eventos 27
    2.2.2 Objetivos 28
    2.2.3 Área de interesse 29
    2.2.4 Amplitude geográfica 30
    2.2.5 Eventos internos e externos (espacialidade) 30
    2.2.6 Tipologia dos eventos 30
Agora é com você! 38

Capítulo 3 - Planejamento dos Eventos 39

3.1 Definição dos objetivos 40
3.2 Estratégias 40
3.3 Perfil do público 41
3.4 Recursos 41
3.5 Recursos humanos 41
    3.5.1 Recepcionista 42
    3.5.2 Mestre de cerimônias 43
3.6 Orçamento 43
3.7 Avaliação 45
Agora é com você! 46

Capítulo 4 - As Fases de um Evento 47

4.1 Como reconhecer as fases de um evento? 47
4.2 Pré-evento 48
    4.2.1 Título do evento 49
    4.2.2 Promotor do evento 49
    4.2.3 Organização do evento 49
    4.2.4 Tipologia do evento 49
    4.2.5 Data do evento 50
    4.2.6 Objetivos 50
    4.2.7 Público-alvo 50
    4.2.8 Carga horária do evento 50
    4.2.9 Horário de realização do evento 50
    4.2.10 Programa do evento 51
    4.2.11 Eventos paralelos 51

4.2.12 *Marketing* do evento...51

4.2.13 Recursos utilizados..51

4.2.14 Recursos humanos 52

4.2.15 Orçamento..52

4.2.16 Sistema de avaliação do evento...54

4.2.17 Direitos autorais 54

4.2.18 Anexos 54

4.3 Transevento 55

4.4 Pós-evento..58

4.4.1 Desmontagem e limpeza 58

4.4.2 Devolução de materiais...58

4.4.3 Relatório pós-evento 59

4.4.4 Agradecimentos...59

4.4.5 *Press-release*..59

Agora é com você!...60

Capítulo 5 - Local, Espaço e Data para Realização de um Evento 61

5.1 Local para realização de eventos...61

5.1.1 Condições geográficas do local..62

5.1.2 Condições climáticas 62

5.1.3 Histórico do local 62

5.1.4 Tema e local do evento..62

5.1.5 Facilidade de acesso 62

5.1.6 Meios de transporte...62

5.1.7 Boa imagem do local...62

5.1.8 Equipamentos e infraestrutura turísticos..63

5.1.9 Disponibilidade 63

5.1.10 Acessos..63

5.1.11 Áreas para alimentação 63

5.1.12 Documentação..63

5.1.13 Custo 64

5.1.14 Número de salas 64

5.2 Espaço para eventos 65

5.2.1 Espinha de peixe..65

5.2.2 Formato em U...66

5.2.3 Formato auditório 67

5.2.4 Formato banquete 68

5.2.5 Formato em T 69

5.2.6 Formato escola..70

5.2.7 Formato em I..70

5.3 Definição da data para um evento..72

5.3.1 Calendário brasileiro de datas comemorativas..72

5.3.2 Jubileus e bodas 72

Agora é com você!...74

Capítulo 6 - Ferramentas de Auxílio na Organização de um Evento: Cronograma e Fluxograma 75

6.1 Fluxograma 75

    6.1.1 Símbolos do fluxograma 76

    6.1.2 Tipos de fluxogramas 77

    6.1.3 Fluxograma em eventos 78

6.2 Cronograma para eventos 80

Agora é com você! 82

Capítulo 7 - Procedimentos em Eventos 83

7.1 Conceitos e definições 83

    7.1.1 Cerimonial 83

    7.1.2 Protocolo 84

    7.1.3 Etiqueta 84

7.2 Procedimentos em eventos 85

    7.2.1 Festa de debutante (aniversário de 15 anos) 85

    7.2.2 Casamento 86

    7.2.3 Colação de grau e baile de formatura 88

Agora é com você! 92

Capítulo 8 - Empresas Organizadoras de Eventos 93

8.1 Definição das empresas organizadoras de eventos 93

8.2 Procedimentos básicos para a abertura de uma empresa organizadora de eventos 95

8.3 Estrutura da empresa organizadora de eventos 96

    8.3.1 Organograma 96

    8.3.2 Elaboração de um organograma tradicional 97

8.4 Sugestão de organograma de uma empresa organizadora de eventos de pequeno porte 98

    8.4.1 Descrição dos setores da empresa 99

8.5 Características dos profissionais de eventos 100

    8.5.1 Papel do organizador promotor do evento (cliente) 100

    8.5.2 Papel do organizador de eventos 101

    8.5.3 Principais profissionais de um evento 101

8.6 Relacionamento com os fornecedores para eventos 102

8.7 Entidades e associações representativas no setor de eventos 103

    8.7.1 Internacional Congress & Convention Association (ICCA) 103

    8.7.2 Confederación de Entidades Organizadoras de Congresos y Afines de América Latina (Cocal) 103

    8.7.3 Associação Internacional de Profissionais Organizadores de Congressos (IAPCO) 103

    8.7.4 Associação Brasileira das Empresas de Eventos (ABEOC) 103

    8.7.5 Associação Brasileira dos Centros de Convenções, Eventos e Feiras (ABRACCEF) 104

    8.7.6 União Brasileira dos Promotores de Feiras (UBRAFE) 104

Agora é com você! 104

Bibliografia 105

Apêndice A 109

Apresentação

Este estudo visa mostrar como a atividade de planejamento e organização de eventos tem crescido e se especializado a cada ano. Considerando o atual crescimento do mercado de eventos e as expectativas futuras, a tendência é que os negócios no setor se ampliem cada vez mais.

Todo evento parte de uma "idealização", passa pelo planejamento e organização de ideias e projetos, para que depois se implante o que foi idealizado. Cada evento é único; portanto, são necessários profissionais altamente capacitados e engajados para que o evento, seja qual for, seja bem-sucedido e as expectativas do cliente sejam satisfeitas.

Esta obra conta com 8 capítulos que tratam de temas como o mercado de eventos, definição e características dos eventos, planejamento dos eventos, as fases de um evento, determinação de local, espaço e data para realização de um evento, ferramentas de auxílio para a organização de um evento (cronograma e fluxograma), cerimonial, protocolo, etiqueta e empresas organizadoras de eventos.

A abordagem desses temas se faz necessária para a completa organização e planejamento de um evento, permitindo atualizar, capacitar e treinar atuais e futuros profissionais do segmento.

Bom estudo!

As autoras

O Mercado de Eventos

Para começar

Este capítulo mostrará como se encontra o mercado de eventos no Brasil, que será palco de grandes eventos como a Copa do Mundo de 2014 e as Olimpíadas de 2016. Abordará também como se apresenta o cenário do segmento de eventos e seu expressivo crescimento, principalmente em algumas cidades do país.

1.1 Panorama do setor de eventos

O setor de eventos é um dos que mais cresce atualmente no Brasil. Segundo dados da International Congress & Convention Association (ICCA), o país teve o quinto maior crescimento em realização de eventos internacionais no ano de 2012. Isso representa uma evolução expressiva, de 304 para 360 eventos internacionais realizados, um aumento de cerca de 20% no número de eventos em apenas um ano.

A ICCA, responsável pelos números divulgados recentemente, é uma associação internacionalmente conceituada e representa o mercado de eventos em mais de 90 países, por intermédio de cerca de mil organizações.

Além de ser um excelente canal de comunicação sobre as oportunidades e o desenvolvimento de negócios no setor de eventos em âmbito mundial, a ICCA é também responsável pela divulgação de um *ranking* que aponta quais são os países que mais realizam eventos internacionais em seus territórios.

O *ranking* da ICCA é elaborado de acordo com os seguintes critérios: o evento deve ter, no mínimo, 50 participantes; deve ter rotação em pelo menos dois países; deve realizar-se de forma regular e ser considerado congresso, fórum, encontro ou seminário.

O Brasil, no ano de 2012, ocupou a sétima posição no *ranking* da ICCA, o que representou a manutenção de sua colocação em relação ao ano de 2011. Apesar disso, a pesquisa mostrou que o país teve o quinto maior crescimento em realização de eventos internacionais nesse mesmo ano.

O *ranking* que aponta os países e o número de eventos somente internacionais revela que os Estados Unidos ainda é o destino mais procurado quando se pretende realizar um evento fora do país de origem, seguido pela Alemanha, Reino Unido, França e Itália.

É importante salientar que, nesse mesmo *ranking*, o Brasil fica à frente de países importantes, como Japão, Canadá, Portugal e Argentina.

A Tabela 1.1 apresenta o *ranking* completo dos países segundo a ICCA.

Tabela 1.1 - Países do mundo que mais realizam eventos

Posição	Países	Número de eventos realizados	Posição	Países	Número de eventos realizados
1	Estados Unidos	833	20	Dinamarca	185
2	Alemanha	649	21	Turquia	179
3	Espanha	550	22	Finlândia	174
4	Reino Unido	477	23	México	163
5	França	469	24	Noruega	161
6	Itália	390	25	Índia	150
7	Brasil	360	26	Polônia	150
8	Japão	341	27	Cingapura	150
9	Holanda	315	28	Tailândia	150
10	China	311	29	Colômbia	138
11	Áustria	278	30	Irlanda	134
12	Canadá	273	31	República Checa	131
13	Austrália	253	32	Hungria	124
14	Suíça	241	33	Taipei	117
15	Suécia	233	34	Grécia	114
16	República da Coreia	229	35	Malásia	109
17	Portugal	213	36	Chile	101
18	Argentina	202	37	África do Sul	97
19	Bélgica	194	38	Hong Kong (China)	96

Fonte: Adaptado de ICCA, 2012.

1.2 Panorama do mercado de eventos na América Latina

Já no *ranking* dos países da América Latina e da América do Norte, ainda segundo a ICCA, o Brasil ocupa a segunda posição, apenas atrás dos Estados Unidos. Isso revela a posição de destaque do país em relação aos demais países latinos e norte-americanos.

A Tabela 1.2 mostra os dez primeiros colocados entre os países que mais realizaram eventos internacionais na América Latina e na América do Norte no ano de 2012.

Tabela 1.2 - Posição dos países da América Latina e da América do Norte que mais realizam eventos internacionais

Posição	Países	Número de eventos realizados	Posição	Países	Número de eventos realizados
1	Estados Unidos	833	6	Colômbia	138
2	Brasil	360	7	Chile	101
3	Canadá	273	8	Uruguai	56
4	Argentina	202	9	Peru	51
5	México	163	10	Equador	43

Fonte: Adaptado de ICCA, 2012.

1.3 Panorama das principais cidades do mundo que realizam eventos

Entre as grandes cidades do mundo que servem de palco para os eventos internacionais, destacam-se Viena e Paris, como podemos observar na Tabela 1.3.

Tabela 1.3 - Posição das cidades do mundo que mais realizam eventos internacionais

Posição	Cidades	Número de eventos realizados	Posição	Cidades	Número de eventos realizados
1	Viena	195	6	Londres	150
2	Paris	181	7	Cingapura	150
3	Berlim	172	8	Copenhagen	137
4	Madrid	164	9	Istambul	128
5	Barcelona	154	10	Amsterdam	122

Fonte: Adaptado de ICCA, 2012.

Nesse mesmo *ranking* encontramos as cidades do Rio de Janeiro, na 25ª posição, com 83 eventos internacionais realizados, e São Paulo, na 28ª posição, com 77 eventos internacionais realizados. Ainda é muito pouco em comparação com cidades como Viena e Paris. A Tabela 1.4 apresenta o *ranking* das dez cidades que mais realizam eventos internacionais no Brasil.

Tabela 1.4 - Posição das cidades brasileiras que mais realizam eventos internacionais

Posição	Cidades	Número de eventos realizados		Posição	Cidades	Número de eventos realizados
1	Rio de Janeiro	83		6	Belo Horizonte	13
2	São Paulo	77		7	Florianópolis	12
3	Brasília	22			Porto Alegre	12
4	Foz do Iguaçu	16		9	Búzios	9
	Salvador	16		10	Fortaleza	8

Fonte: Adaptado de ABEOC, 2012.

Como já foi mencionado, observamos que as grandes capitais, como Rio de Janeiro e São Paulo, superam em muito o número de eventos internacionais realizados em relação às outras cidades do nosso país.

A cidade de São Paulo, por exemplo, é uma das que mais atraem turistas. Seu foco, sem dúvida, são os eventos realizados na grande metrópole. A cidade oferece 280 salas de cinema, 71 museus, 120 teatros, 41 festas populares, 9 casas de espetáculos e ainda é considerada o maior polo cultural do país.

Amplie seus conhecimentos

São Paulo é, atualmente, referência na realização de eventos, principalmente aqueles relacionados a negócios e cultura, e apresenta números que impressionam. Segundo informa a São Paulo Turismo, entidade que trabalha na captação e divulgação dos eventos da cidade, São Paulo:

» a capital sul-americana de feiras de negócios;

» realiza 90 mil eventos por ano (1 evento a cada 6 minutos);

» concentra 75% do mercado brasileiro de feiras e negócios;

» gera cerca de R$ 2,9 bilhões de receita por ano com eventos;

» fatura R$ 700 milhões em locação de áreas para exposição;

» arrecada R$ 700 milhões em serviços;

» gera R$ 8,5 bilhões em viagens, hospedagens e transportes terrestre e aéreo;

» gera cerca de 500 mil empregos diretos e indiretos com os eventos realizados;

» abriga cerca de 29 mil empresas expositoras;

» oferta cerca de 700 mil metros quadrados em grandes espaços para a realização de eventos, além de centenas de espaços menores;

» promove a circulação de cerca de 4,3 milhões de pessoas nos eventos realizados na cidade, entre profissionais e compradores, sendo 45 mil compradores estrangeiros;

» os setores que mais realizam feiras, reuniões e eventos na cidade são, pela ordem, médico, científico, tecnológico, industrial e educacional.

Para saber mais sobre os dados dos eventos realizados na cidade de São Paulo, visite os *sites* <http://www.spturis.com/v7/index.php> e <http://www.cidadedesaopaulo.com/sp/>. Acesso em: 17 dez. 2013.

Figura 1.1 - Parada do Orgulho LGBT de 2010, em São Paulo. Um dos eventos que mais movimenta receita na cidade de São Paulo, a Parada do Orgulho LGBT é um dos três únicos eventos que estão autorizados a acontecer na Avenida Paulista, centro financeiro da cidade de São Paulo. Os outros dois são a Corrida de São Silvestre e o *Réveillon*. Com participação de mais de 1 milhão de pessoas, o evento movimenta hotéis, restaurantes, agências de turismo e outros serviços.

Os números apresentados sobre São Paulo revelam uma vocação da cidade para os eventos. Isso se deve, sem dúvida, à infraestrutura oferecida pela cidade.

Recentemente, uma pesquisa da Fundação Getulio Vargas, em parceria com o Ministério do Turismo, mostrou que as capitais nordestinas também estão em alta no quesito de capitação de eventos com foco em negócios nacionais. Segundo a pesquisa, 91% dos promotores de feiras e 52% dos organizadores de eventos apontam o Nordeste como uma das regiões mais procuradas do país para sediar eventos de grande porte nos próximos anos.

O Nordeste atrai os interessados em promover eventos de negócios porque conta com grandes belezas naturais e, a cada dia, algumas regiões estão investindo em infraestrutura.

Segundo aponta ainda a pesquisa, as capitais mais procuradas são Recife, Salvador e Fortaleza.

Lembre-se

O cenário de captação de eventos internacionais pode ser promissor nas demais cidades do país. Basta haver um incentivo maior tanto da iniciativa privada quanto do poder público.

1.4 Expectativas do setor de eventos no Brasil

As expectativas de crescimento do setor de eventos no Brasil são bastante positivas. As perspectivas tornam-se promissoras para os próximos anos, quando o Brasil é sede dos maiores eventos esportivos do planeta (Copa do Mundo e Olimpíadas), o país tende a melhorar sua posição no *ranking*.

Esses eventos impulsionam não só o setor de eventos, mas todos os ramos que estão ligados ao turismo, promovendo, consequentemente, uma maior possibilidade de investimentos no turismo como um todo, além de setores da economia que não estão diretamente ligados a ele, como a construção civil.

O crescimento da demanda turística com esses eventos será marcante para o país. Segundo dados do Portal Copa do Mundo 2014, espera-se acolher cerca de 600 mil turistas e fechar esse ano com um total de 7,2 milhões de visitantes estrangeiros. O Brasil recebeu cerca de 5 milhões de turistas em 2012.

Em um relatório divulgado pelo Instituto Brasileiro de Turismo (Embratur), o gasto estimado dos turistas, tanto brasileiros quanto estrangeiros, durante a Copa do Mundo ficará em R$ 25,2 bilhões nos 30 dias da competição.

De acordo com o *site* Sebrae Mercado, a organização das Olimpíadas de 2016 envolve, diretamente, 100 mil pessoas, sendo 70 mil voluntários. Esse megaevento movimenta o país inteiro.

Mas o Brasil não vive somente em torno dos grandes eventos; outros acontecimentos movimentam a economia do país todos os anos. O Carnaval é um dos eventos mais lembrados quando mencionamos grandes festividades culturais, e acontece em todo o país.

As escolas de samba do Rio de Janeiro e São Paulo proporcionam um dos maiores espetáculos vistos. Elas são tidas como verdadeiras "indústrias" do entretenimento, gerando empregos diretos e indiretos todos os anos. Segundo o *site* da Revista Exame (2013), o último carnaval realizado no Rio de Janeiro movimentou cerca de R$ 1 bilhão, recebendo aproximadamente 900 mil turistas, entre brasileiros e estrangeiros que visitaram o estado do Rio de Janeiro. Isso representou um aumento de cerca de 6% em relação ao ano anterior. Outro evento que traz um crescimento interessante é o Grande Prêmio do Brasil de Fórmula 1. Realizado em São Paulo, é tido como um dos maiores eventos da cidade.

Amplie seus conhecimentos

O Grande Prêmio do Brasil de Fórmula 1 atrai turistas de todo o país e ainda contribui para a movimentação dos setores ligados ao turismo, como hospedagem, gastronomia e transportes. Considerado um dos mais esperados eventos esportivos do ano, o Grande Prêmio do Brasil de Fórmula 1 costuma encerrar a competição. Isso faz com que os olhos do mundo se voltem para o Brasil no período de realização do evento.

Para saber mais sobre o Grande Prêmio do Brasil de Fórmula 1, acesse o *site* <https://www.gpbrasil.com.br/site13/>. Acesso em: 17 dez. 2013.

O setor de entretenimento também está aquecido. As grandes capitais brasileiras são presenteadas com excelentes espetáculos, como o *show* da trupe do Cirque du Soleil e grandes *shows* internacionais.

Vale ressaltar que, para atender todo esse crescimento do setor e toda essa demanda de visitantes, tanto estrangeiros quanto brasileiros, nos grandes eventos que acontecerão, é necessário haver mão de obra capacitada, de qualidade e que faça do Brasil um país cada vez mais procurado para ser palco de grandes eventos internacionais.

Fique de olho!

O Brasil passa por um momento muito promissor, com expectativas de geração de novas e promissoras oportunidades no mercado de trabalho, em especial para o segmento de eventos.

Vamos ficar de olho nas diversas oportunidades de empregos diretos e indiretos que irão surgir.

Vamos recapitular?

Neste capítulo, vimos que a ICCA é uma entidade importante para o setor de eventos internacionais, estabelecendo *rankings* que ajudam a divulgar países e cidades como palcos para a realização de eventos.

Ano a ano, o Brasil vem melhorando sua posição no *ranking* da ICCA, recebendo importantes eventos internacionais. A Copa do Mundo e as Olimpíadas serão dois eventos que projetarão o Brasil para o mundo.

As principais cidades brasileiras que recebem eventos internacionais são o Rio de Janeiro e São Paulo, que é palco de eventos importantes como o Grande Prêmio do Brasil de Fórmula 1.

Agora é com você!

1) Agora que você conheceu os países que mais recebem eventos internacionais no mundo, escolha um entre os dez primeiros colocados no *ranking* da ICCA e faça uma pesquisa apontando os principais dados em relação ao turismo local. Faça uma apresentação das características culturais e econômicas que justifiquem a posição desses países no *ranking*.

2) Que legado um país pode gerar para a sua população ao realizar um evento como Copa do Mundo e/ou Olimpíada?

3) A cidade de São Paulo é uma das cidades mais importantes no que diz respeito à realização de eventos no Brasil. Levante quais são os principais eventos realizados na cidade em termos de geração de receita. Organize um *ranking* dos dez eventos mais importantes, mencionando sua posição, o nome do evento e a renda gerada.

4) Relacione os principais eventos que acontecem na sua cidade e explique a importância desses eventos para a economia local, apontando dados relevantes que justifiquem a realização desses eventos.

2

Definição e Características dos Eventos

Para começar

Este capítulo mostrará as definições de eventos, partindo do contexto histórico e sua evolução até o conceito mais contemporâneo. Em seguida, serão apresentadas as características que compõem os eventos, levando em consideração aspectos como natureza, critérios, classificações e tipologia.

2.1 Contexto histórico

Desde a Antiguidade, ao longo da história da humanidade, o conceito de eventos evoluiu à medida que eles adquiriram aspectos econômicos, sociais e políticos.

As primeiras grandes civilizações que realizaram eventos significativos foram a grega e a romana. Na Grécia, surgiram os jogos olímpicos, idealizados para homenagear o deus grego Zeus por volta de 2500 a.C. Os jogos olímpicos reuniam diversas cidades gregas no santuário de Olímpia, do qual se originou o termo "olimpíada". As cidades gregas se reuniam para disputar algumas competições esportivas e, nesse período, eram selados acordos de cessar-fogo e tréguas entre as cidades que estavam em guerra.

As modalidades esportivas disputadas eram atletismo, luta, boxe, corrida de cavalos e pentatlo. Somente os cidadãos livres podiam participar da competição. Aos vencedores cabia a premiação, com uma trança de folhas de louro, que era tido como o maior símbolo de vitória que existia.

Os jogos olímpicos foram praticados até 394 d.C., reunindo os gregos. O imperador Teodósio II, que havia sido convertido ao cristianismo, proibiu os jogos olímpicos por considerá-los festas pagãs, e eles ficaram esquecidos por mais de 1500 anos.

Em 1894, o francês Pierre de Fredy (1863-1937), conhecido também como barão de Coubertin, decidiu "ressuscitar" os jogos olímpicos. Coubertin acreditava que os jogos eram fontes de inspiração para o aperfeiçoamento do ser humano. Impulsionado por essa crença, ele propôs a criação da primeira edição dos jogos olímpicos da Idade Moderna, do qual participariam 285 atletas de 13 países em provas de atletismo, esgrima, luta livre, ginástica, halterofilismo, ciclismo, natação e tênis.

A partir de então, os jogos olímpicos da era moderna, realizados de quatro em quatro anos, tornaram-se um dos maiores espetáculos esportivos do mundo.

Atualmente, as Olimpíadas trazem uma série de benefícios aos países que a sediam, movimentam bilhões em receitas, além de deixar legados como aquecimento da economia e do turismo, geração de empregos, criação de infraestrutura, entre outros benefícios sociais e políticos.

Os romanos, por sua vez, tinham as Festas Saturnais. Essas festas eram realizadas em honra de Saturno e aconteciam, inicialmente, em um dia. Contudo, o imperador Augusto passou os dias de comemoração para três e, posteriormente, o imperador Calígula decretou quatro dias de festa. Nas Festas Saturnais, os romanos provavelmente celebravam a finalização dos trabalhos no campo. Em dias de festa, as diferenças sociais eram deixadas para trás. Até mesmo os escravos recebiam rações extras e tempo livre.

Com a queda do Império Romano, as festas pagãs acabaram sendo sufocadas pelos cristãos, que acabaram trazendo uma nova perspectiva para os principais eventos da história, destacando os eventos com cunho religioso.

Na Idade Média, alguns eventos religiosos e comerciais proporcionaram grande deslocamento de pessoas, principalmente aquelas ligadas ao clero, e mercadores em busca de novos produtos.

Alguns eventos religiosos foram bastante significativos, como o Concílio de Niceia, de 325 d.C., e o Concílio de Constantinopla, realizado em 381 d.C. Os concílios eram realizados pelos bispos da época para discutir assuntos como doutrinas e dogmas da igreja. Esses eventos proporcionavam grande movimentação eclesiástica, tendo significativo papel dentro da Igreja Católica.

Com o passar dos tempos, as condições de deslocamento foram aperfeiçoadas, o que implicou o surgimento de eventos com caráter comercial. Assim, as feiras começaram a ter destaque. A necessidade das pessoas de se vestir, comer e comprar impulsionam as feiras. As mais antigas feiras de que se tem registro foram as que aconteciam na região de Champagne, na França, as quais chegavam a ter até sete semanas de duração.

Com o declínio da Idade Média, a veia investigativa do homem impulsionou um espírito mais questionador e, consequentemente, mais investigativo.

Em 1681, aconteceu em Roma o primeiro evento com caráter científico: o Congresso de Medicina. Esse evento deu início aos eventos de cunho não religioso e que discutiam questões sobre medicina.

Figura 2.1 - Gravura representando o Concílio de Niceia de 325 d.C. O Concílio de Niceia foi realizado por importantes bispos da Igreja Católica e colocou em pauta assuntos dogmáticos e de doutrinas, sendo considerado um dos primeiros grandes eventos de cunho religioso da História.

Em Londres, foi criado em 1754 o primeiro espaço para a realização de feiras: o Society of Arts, que mais tarde recebeu o nome de Royal Society of Arts. O objetivo da criação desse local foi estimular a arte e a indústria em Londres.

Outro movimento importante da História, que transformou a maneira como o mundo se via, foi a Revolução Industrial, que trouxe uma série de mudanças também no cenário econômico e social. O trabalho passou a ser mecanizado e o uso de diversos mecanismos impulsionou de forma considerável a expansão econômica. Surgiram as grandes estradas de ferro, novas fontes de energia foram desenvolvidas e a economia manual foi substituída pela mecanizada.

Isso se refletiu também na necessidade de uma nova forma de realização no campo dos eventos. Surgiram, então, novos tipos de eventos, como os científicos e técnicos.

Em 1814, foi realizado em Viena um congresso de caráter diplomático. O Congresso de Viena, como ficou conhecido, trouxe em sua pauta discussões sobre a situação da Europa após a derrota de Napoleão. Foram apresentados acordos de paz e tratados referentes à redistribuição dos territórios invadidos por Napoleão no período de guerra.

Definição e Características dos Eventos

A Figura 2.2 mostra uma gravura pintada em 1819 por Jean-Baptiste Isabey, ilustrando como pode ter sido o Congresso de Viena.

Figura 2.2 - Gravura de Jean-Baptiste Isabey representando o Congresso de Viena, em 1819. O Congresso de Viena foi tido como um dos eventos diplomáticos mais importantes, trazendo à tona pautas com assuntos relevantes, como o novo mapa da Europa com a redistribuição dos territórios que foram invadidos por Napoleão e acordos de paz pós-guerra.

2.1.1 O surgimento do turismo organizado e os eventos

Em 1841, surgiu o turismo organizado. Thomas Cook, um comerciante inglês, organizou a ida de um grupo de pessoas para o Congresso Antialcoólico que aconteceu nas cidades de Leicester e Loughborough. Thomas reuniu 570 pessoas para participarem desse evento.

Dez anos depois da iniciativa de Thomas Cook, surgiu o primeiro pavilhão de feiras e exposição do mundo, o Palácio de Cristal, que ficava em Hyde Park, Inglaterra. Construído em 1851, o Palácio de Cristal recebeu inúmeras feiras durante sua existência. Ele foi completamente destruído por um incêndio no ano de 1936.

> **Amplie seus conhecimentos**
>
> Thomas Cook foi um dos personagens mais importantes para o turismo moderno. Tido como um dos primeiros agentes de viagens do mundo, Thomas organizou uma viagem de trem entre duas cidades inglesas e decidiu fretar um trem para acomodar cerca de 500 passageiros. Essa decisão foi um ato inédito, levando-o a ser o pioneiro nesse tipo de serviço. Atribui-se a Thomas Cook também a criação dos *vouchers* de viagens. Seu filho, que era seu sócio, criou mais tarde os *travellers checks*.
>
> Para saber mais sobre como o turismo se modernizou e sobre quem foi Thomas Cook, visite o *site:* <http://www.espacoacademico.com.br/087/87jsf.htm>. Acesso em: 17 dez. 2013.

No ano de 1853, os Estados Unidos construíram um edifício com as mesmas características do Palácio de Cristal para receber a Feira de Nova York.

Em 1855, em Paris, foi construído o Palais de L'Industrie, que recebeu a primeira exposição universal de Paris.

Figura 2.3 - Palais de L'Industrie, em Paris, construído por Alexis Barrault para a exposição universal de 1855. Com a construção do Palácio de Cristal em 1853 nos Estados Unidos, a França deu ao continente europeu um local à altura para a realização de grandes eventos. O Palácio das Indústrias francês, com características semelhantes ao Palácio de Cristal americano, firmou-se como palco de importantes eventos.

No século XX, alguns eventos também impulsionaram o setor. Na Alemanha, foi realizada a Feira de Leipzig (1894). Em 1939, a mesma feira utilizou cerca de 20 pavilhões espalhados pela cidade, tamanha a sua grandiosidade desde então.

A partir da Segunda Guerra Mundial, as reuniões se multiplicaram e, depois de 1955, apresentaram um acréscimo significativo. A consciência da importância econômica de se realizar um evento em uma região ou cidade foi despertada nesse período.

Atualmente, as feiras atraem públicos em diversos países do mundo, sendo inseridas nos calendários internacionais e recebendo milhares de pessoas durante a sua realização.

2.1.2 A evolução dos eventos no Brasil

No Brasil, a evolução dos eventos aconteceu de maneira mais lenta. Antes da chegada da Família Real ao Brasil, eram realizadas algumas feiras semelhantes às que ocorriam na Idade Média. Elas eram feitas em locais abertos e eram formadas por barracas armadas por comerciantes para venderem seus produtos. Como atrações, apresentavam cantadores, poetas, contadores de histórias e alguns personagens da cultura popular brasileira.

O primeiro evento realizado, de fato, em um local específico para eventos foi o baile de carnaval realizado no dia 7 de fevereiro de 1840, no Hotel Itália, na cidade do Rio de Janeiro.

Em 1862, o Brasil decidiu participar das feiras internacionais, especificamente em Londres, para tentar ganhar experiência em organização de eventos técnicos e científicos.

Já com alguma experiência adquirida com a participação em feiras internacionais, o Brasil organizou, em 1908, a Exposição Nacional no Pavilhão de Feiras da Praia Vermelha. Mas foi em 1922 que o país se estabeleceu como organizador de eventos, com a Exposição Internacional do Centenário. A exposição trouxe 14 países expositores e foi realizada no Palácio de Festas na cidade do Rio de Janeiro. O evento recebeu cerca de 3 milhões e 600 mil pessoas, tendo uma média de 12 mil visitantes por dia.

No ano de 1923, foi inaugurado o Hotel Copacabana Palace, no Rio de Janeiro. O local abrigou diversos eventos e ainda hoje é referência na hotelaria brasileira, recebendo visitantes e eventos importantes.

Em 1992, o Brasil foi lembrado novamente como palco de eventos internacionais importantes. A cidade do Rio de Janeiro recebeu a Eco 92, conhecida também como Rio 92, cujo nome oficial foi Conferência das Nações Unidas sobre o Meio Ambiente. O evento, realizado entre os dias 3 e 14 de junho, levantou debates sobre questões ambientais, trazendo um panorama dos diversos problemas relativos à questão. O evento possibilitou a elaboração de documentos importantes que, até os dias atuais, são referências para discussões ambientais, como é o caso da Agenda 21. A Agenda 21 foi um acordo firmado entre 179 países que criaram estratégias que levassem ao desenvolvimento sustentável, sempre focando quatro importantes pontos: dimensões sociais e econômicas; conservação e gestão de recursos para desenvolvimento; fortalecimento do papel dos principais grupos sociais; meios de implementação das ações. O evento contou com a presença de vários chefes de estado e teve a atenção voltada para si durante sua realização.

Atualmente, como vimos no capítulo anterior, o Brasil também chama a atenção do mundo, pois será o palco de eventos extremamente significativos nos próximos anos: a Copa do Mundo, já em 2014, pela segunda vez (a primeira foi em 1950) e as Olimpíadas, em 2016.

2.2 Definição e características dos eventos

Ao definirmos um evento, podemos dizer que é um acontecimento que busca reunir pessoas para um fim específico.

Segundo o Dicionário Web (2013), evento significa acontecimento, sucesso, eventualidade.

Quando planeja um evento, o organizador almeja alcançar o sucesso. Para isso, é necessário um planejamento que englobe detalhadamente todas as ações.

O evento também pode ser visto sob a perspectiva do *marketing*, como um instrumento que possibilitará uma resposta precisa e instantânea junto ao público, uma vez que ele deve, por sua própria concepção, provocar emoções, criar sentimentos, promover discussões sobre determinados assuntos e estabelecer, portanto, uma aproximação com o público.

> É um acontecimento criado com a finalidade específica de alterar a história da relação organização-público, em face das necessidades observadas. Caso ele não ocorresse, a relação tomaria rumo diferente e, certamente, problemático. (SIMÕES, 1995, p. 170)

É preciso compreender a relevância de um evento como um fator marcante que é capaz de despertar emoções e de exigir de quem o organiza um grau aflorado de criatividade, uma vez que a inovação e o diferencial são pontos fundamentais quando se pensa em um evento.

É importante entendermos que um evento jamais poderá ser igual a outro.

Podemos considerar, de forma mercadológica, que um evento poderá ser gerador de notícias em diferentes esferas. Contudo, para o organizador, a grande preocupação quanto à geração dessas notícias é saber se elas serão positivas ou negativas. "O evento é também interativo com outros veículos de comunicação (rádio, tevê, internet e outros) no momento da promoção de um produto/serviço, complementando-os no processo comunicacional" (BRITTO; FONTES, 2006, p. 36).

Ao ilustrarmos essa situação, podemos dizer que um evento que apresentou problemas na sua execução e caiu no desagrado da mídia poderá afugentar possíveis patrocinadores ou mesmo repelir os já existentes.

Outro fator negativo nessa situação é que os erros cometidos no evento, se são perceptíveis ao público, acabam criando uma situação desconfortável aos que organizaram o evento, uma vez que a imagem do evento é o reflexo de quem o organiza.

É interessante salientar que um evento é considerado um serviço e, com isso, é intangível - diferentemente de um produto tangível, que podemos tocar, experimentar, sentir, avaliar antes da compra.

Como caracterizar um evento aos possíveis clientes? Que ferramentas utilizar para convencer o cliente? Como vender um evento? Essas são perguntas que o organizador deve, sem dúvida, ter em mente.

Isso indica que o organizador de evento, como prestador do serviço, deverá fornecer aos clientes várias evidências tangíveis dos serviços, utilizando recursos audiovisuais e impressos que ilustrem ao cliente como serão os serviços oferecidos.

Primeiro, é importante que o organizador entenda as características que compõem um evento. Além da intangibilidade, que não possibilita a experimentação, existe a não estocagem dos eventos (não é possível armazenar nem estocar eventos).

Um evento, enquanto serviço, é composto de diversos fornecedores, os quais não podem ser desvinculados da imagem do evento. Por exemplo, em um casamento, os convidados não podem distinguir quem idealizou a cerimônia e quem forneceu as flores ou montou o *buffet*. Na visão dos convidados, o evento é um só. Nesse exemplo, as flores e o *buffet* podem ter sido terceirizados pelo organizador do evento. A escolha dos fornecedores é extremamente importante, pois eles também refletem o sucesso e o fracasso do evento.

> **Fique de olho!**
>
> Devemos evitar que o evento que estamos organizando seja algo superficial, que não acrescente nada aos participantes. Nosso papel, enquanto responsáveis pelo evento, é que ele não seja apenas uma atividade frequente, sem expressão.

Um evento deve ter uma razão para existir. Para isso, deve apresentar, em sua concepção, dados que possam justificar sua criação e viabilização.

Assim, não se pode dizer que quaisquer atividades frequentes sejam eventos. O evento exige uma estruturação complexa que leve o organizador à busca por detalhes que o diferenciem, tornando-o um sucesso.

Um evento, por simples que possa parecer, deve remeter aos participantes algo que seja inesquecível e que imprima apenas boas recordações. Contudo, ele não depende de situações que afetem diretamente outros setores da economia.

A maioria dos eventos não é afetada em épocas de grandes crises; pelo contrário, eles são utilizados para ressaltar produtos e serviços para o mercado. Um evento é um poderoso veículo de *marketing*.

Os eventos são considerados possíveis instrumentos de redução da disparidade social, uma vez que possibilitam o crescimento da oferta de empregos gerados, promovendo assim uma melhor distribuição de renda e estimulando uma movimentação econômica local.

O evento é um gerador de empregos diretos e indiretos, podendo assim ser utilizado para tal finalidade. Entretanto, vale ressaltar que a mão de obra que se busca para atuar nos eventos precisa estar capacitada. Não se pode considerar que qualquer pessoa esteja habilitada a realizar um evento. É preciso conhecimento teórico e prático para que um evento possa ser realizado de forma a destacar-se e ser referência de qualidade.

Megaeventos como Copa do Mundo e Olimpíadas, por exemplo, movimentam diversos setores da economia e trazem uma soma expressiva de investimentos, tanto em esfera social quanto econômica. Esses eventos promovem outros segmentos da economia e são apontados como geradores de legados à população dos locais onde são realizados, como infraestrutura, tecnologia e desenvolvimento no turismo.

Outro aspecto atual e que deve ser considerado é que um evento gera custos. Portanto, não podem ser aceitos grandes desperdícios de materiais, equipamentos, recursos humanos e mesmo de energia e tempo de quem está envolvido. Minimizar aspectos como poluição ambiental e sonora também pode ser levado em consideração.

> **Lembre-se**
>
> Atualmente, pode-se, por exemplo, utilizar materiais reciclados na cenografia dos eventos ou mesmo na confecção de materiais de divulgação, como convites em papel semente, presentes no mercado e que, após serem utilizados, podem ser plantados que se transformam em belas plantas.

A inseparabilidade é outra característica dos eventos. Muitas vezes, não podemos distinguir quem está apenas organizando o evento e quem lhe fornece serviços e/ou produtos. Esses serviços são considerados inseparáveis. Isso, consequentemente, exige atenção dobrada no momento de contratar fornecedores. A inseparabilidade dos serviços significa, em última análise, que não se pode separar o evento de seus fornecedores, sejam eles pessoas ou equipamentos.

A perecibilidade é outro fator pertinente aos eventos. Não é possível estocar eventos para uma venda futura; tudo é realizado no momento. A perecibilidade não se torna um problema quando a demanda pelos serviços é estável; todavia, se existir flutuação de demanda, será necessário o planejamento de estratégias para que se consiga sanar o desequilíbrio entre oferta e demanda.

A variabilidade remete à qualidade dos serviços e produtos oferecidos. A dependência de quem os fornece, em termos de qualidade, é considerável. A variabilidade é um fator que pode influenciar o desenvolvimento e até mesmo o sucesso do evento.

2.2.1 Critérios para eventos

Os critérios que precisam ser considerados no planejamento de um evento são: tamanho, data de realização e perfil do público. Eles permitem que o organizador se oriente no momento de estabelecer como será seu evento.

2.2.1.1 Tamanho (dimensão) do evento

A dimensão pode ser estabelecida pela quantidade de pessoas que frequentarão e atuarão no evento. Com base nisso, os eventos podem ser definidos como:

» **Megaeventos:** envolvem um número expressivo de pessoas, considerando-se tanto o público que irá frequentar o evento quanto aqueles que atuarão como colaboradores diretos e indiretos. Um grande número de pessoas está envolvido no processo de produção. Eventos como Copas do Mundo e Olimpíadas são exemplos.

» **Grande porte:** podem apresentar mais de 500 pessoas, entre público frequentador e colaboradores. Feiras e salões são exemplos.

» **Médio porte:** terão cerca de 200 a 500 pessoas. Casamentos e formaturas são exemplos.

» **Pequeno porte:** eventos para até 200 pessoas. Existe, às vezes, uma concepção errônea (como considerar sem importância a utilização de um planejamento para um evento

Definição e Características dos Eventos

de pequeno porte) por parte de alguns organizadores a respeito de eventos de pequeno porte, em relação a um planejamento detalhado. Contudo, para ter uma imagem positiva perante o mercado, um organizador de eventos não deve ter essa visão. Festas de aniversário e jantares, entre outros, são eventos de pequeno porte.

2.2.1.2 Data da realização

A escolha da data de um evento é um dos momentos mais importantes de seu planejamento. Um evento poderá ter data fixa, móvel ou esporádica.

- » Data fixa: o evento acontece sempre na mesma data (por exemplo, Natal, *Réveillon*, aniversário).

- » Data móvel: a data pode mudar conforme disposição do calendário (por exemplo, Carnaval e festas religiosas).

- » Data esporádica: o evento acontecerá dependendo de uma situação apresentada; não se prevê quando ele acontecerá precisamente (por exemplo, conclave).

2.2.1.3 Perfil do público

A definição do público que irá frequentar o evento é uma das etapas mais marcantes. Por isso, a partir do momento em que é feita essa definição, o organizador utilizará como critérios se o evento será geral, dirigido ou esporádico.

- » Geral: eventos cujo público tem perfil generalizado, ou seja, não existe um perfil definido do público. O evento será aberto para todos, sem restrição de participação. São considerados eventos abertos ao público.

- » Dirigido: são eventos planejados visando a um determinado perfil de público. Contudo, não existem restrições de participação; são, apenas, eventos dirigidos para que se alcance um determinado perfil de público. O Salão do Automóvel, cujo público pensado para o evento é do sexo masculino, na sua maioria que gostam de automóveis. Podem ser considerados como sendo eventos semiabertos.

- » Específico: são eventos que apresentam restrições quanto à participação do público. Essas restrições podem ser referentes a idade, categoria profissional, entre outras. Por exemplo, congressos de medicina e apresentações artísticas são eventos fechados ao público.

2.2.2 Objetivos

Os objetivos apontam de que forma podemos abordar nosso evento, direcionando precisamente o posicionamento que ele terá. Assim sendo, podemos ter eventos com objetivos institucionais e mercadológicos, também conhecidos como promocionais. Para Britto e Fontes (2006), os objetivos dos eventos podem ser considerados categorias e são conhecidos como:

- » Institucionais: quando o principal objetivo é apresentar um conceito de imagem de uma empresa ou entidade. O evento não terá como aspecto mais relevante a comercialização. É possível trabalhar um evento institucional para pessoa física, jurídica ou mesmo para algumas entidades governamentais, como prefeituras, governos de estado, entre outros. Por exemplo, um *show* beneficente em prol das vítimas de catástrofes ambientais.

» **Promocionais ou mercadológicos:** neste caso, o foco é a comercialização. Serão desenvolvidas estratégias como promoção de produtos ou serviços. O fim principal será o mercadológico, ou seja, pretende-se, ao final, comercializar os produtos ou serviços demonstrados no evento. Esse objetivo se enquadra muito bem em um evento cuja principal função é ser uma ação de *marketing*. O evento que trará esse objetivo poderá ser desenvolvido para pessoa física ou jurídica, ou mesmo para entidades. Por exemplo, o lançamento de um novo modelo de automóvel de determinada montadora.

2.2.3 Área de interesse

Além de estabelecer as categorias dos eventos, Britto e Fontes (2006) estabelecem as áreas de interesse que determinam como serão abordados os eventos. Essa determinação é fundamental para o planejamento do evento. As áreas de interesse podem aparecer em mais de uma modalidade de eventos. Segundo Britto e Fontes (2006), são elas:

» **Artística:** eventos que estão ligados às artes, como eventos de música, teatro, dança, literatura, entre outros. É necessário haver uma manifestação artística.

» **Científica:** esta área de interesse traz como principal característica apresentar uma pesquisa científica. Necessariamente deverá trazer à tona a apresentação de algum conceito no campo da medicina, física, biologia, química, informática, entre outras.

» **Cultural:** eventos que pretendem divulgar aspectos culturais de determinada região ou localidade, como lendas regionais, comidas típicas, aspectos folclóricos e mesmo manifestações culturais.

» **Educativa:** traz novidades no campo da educação, podendo ser novas didáticas, novas tecnologias aplicadas à educação, novas metodologias educacionais, entre outras.

» **Cívica:** apresentará aspectos que ressaltem a pátria e seu conceito histórico. Pode ser, por exemplo, um desfile cívico como os realizados no dia 7 de setembro.

» **Política:** eventos organizados com área de interesse de esferas políticas. Poderão ser realizados para partidos políticos, sindicatos e associações de classe; por exemplo, convenções de partidos políticos para escolha de seus futuros candidatos às eleições.

» **Governamentais:** tratarão das realizações feitas pelo governo nas suas diferentes esferas, níveis (federal, estadual ou municipal) e instâncias. Não podem ser confundidos com a área de interesse política.

» **Empresariais:** traz como focos principais a exposição de resultados alcançados em organizações como empresas, instituições, entre outras. Também divulga pesquisas e realizações referentes a elas.

» **Lazer:** proporcionam ao público ações de entretenimento. Devem trazer atividades que busquem uma fuga da rotina para os participantes. Aplicam-se aqui atividades como gincanas, jogos lúdicos, recreação, entre outras.

» **Social:** eventos que tenham um interesse em comum. Em geral, são realizações familiares ou de grupos de interesse entre amigos. O principal aspecto desenvolvido será proporcionar uma confraternização entre pessoas ou comemorações específicas.

» **Desportiva:** qualquer evento realizado com foco nos esportes. Explora o universo esportivo, independentemente da modalidade. Por exemplo, torneios de xadrez, campeonatos de futebol, entre outros.

» **Religiosa:** eventos que trabalharão uma perspectiva religiosa, abrangendo todas as religiões, independentemente de crenças. São eventos que podem movimentar grande público. Festas religiosas como a procissão do Círio de Nazaré no Brasil, Jornada Mundial da Juventude, Festa para Iemanjá, entre outros, são exemplos.

» **Beneficente:** procuram trazer como foco ações sociais. Poderão ser trabalhados para chamar a atenção e proporcionar uma divulgação.

» **Turísticos:** buscarão a divulgação e promoção, principalmente, de destinos turísticos. Poderão ser eventos realizados para auxiliar na promoção desses destinos, principalmente na baixa temporada.

2.2.4 Amplitude geográfica

Os eventos podem ser classificados em termos geográficos; neste caso, serão locais, municipais, estaduais, nacionais, internacionais ou mundiais.

2.2.5 Eventos internos e externos (espacialidade)

Quanto à espacialidade, os eventos podem ser considerados:

» **Internos:** realizados em ambientes totalmente fechados ou semifechados. É importante verificar a disponibilidades desses espaços para a realização do evento, assim como salas e infraestrutura.

» **Externos:** realizados em espaços abertos. Segundo Britto e Fontes (2006), aspectos importantes devem ser observados ao se realizar eventos em áreas totalmente abertas, como instalações, infraestrutura, segurança, comunicação, vias de acesso e locomoção.

2.2.6 Tipologia dos eventos

A definição do tipo de evento é fundamental. O não conhecimento desses critérios implicará uma série de problemas ao organizador. Muitas vezes, o organizador deverá, com base nos seus conhecimentos sobre os diversos tipos de eventos, escolher, junto com o cliente, a melhor tipologia para o evento.

Apresentaremos a seguir a descrição de vários tipos de eventos, de acordo com as autoras Cesca (1997) e Britto e Nunes (2006).

2.2.6.1 Feira

São, em geral, eventos de grande porte que visam exclusivamente promover e divulgar produtos e/ou serviços, cuja comercialização é o foco central na feira. O espaço onde acontecerá a feira será organizado em estandes. Quanto mais espaço ocuparem os estandes e quanto melhor for sua posição no evento, mais caros eles custarão para o expositor.

2.2.6.2 Exposição

Uma exposição é um evento menor se comparado com a feira. Procura mostrar trabalhos artísticos em diversas expressões, técnicas e serviços, e mesmo produtos e/ou serviços específicos ou não, que podem ser disponibilizados ao público. Exposições de carros antigos, artesanato, folclore e expressões artísticas são exemplos.

2.2.6.3 *Road show*

Tipo de evento cuja tradução literal significa "exposição sobre rodas". Um *road show* é organizado com veículos motorizados de grande porte, como ônibus e carretas. É um evento considerado itinerante, no qual são exibidas novas tecnologias, políticas de atuação e preservação, demonstrações de produtos e/ou serviços, entre outros. É um excelente meio de atingir locais que têm menor acesso às informações mercadológicas.

2.2.6.4 *Showcasing*

Considerado um novo tipo de evento, no *showcasing* não existe diretamente a interferência dos expositores. Os produtos e/ou serviços ficam expostos em vitrines no local do evento e o público os visualiza; aqueles que têm interesse de adquiri-los entram em contato por meio de um telefone instalado ao lado das vitrines. É considerado um evento de menor custo e começa a ganhar adeptos mundo afora.

2.2.6.5 Mostra

Em geral, a mostra é um evento de pequeno porte, onde serão exibidos produtos e produções artísticas. São realizados em datas móveis e, em muitos casos, são itinerantes.

2.2.6.6 Salão

Tipo de evento cuja essência é a promoção, informação e divulgação, e não necessariamente a venda direta dos produtos e/ou serviços. Esse evento de grande porte é, muitas vezes, confundido com as feiras, mas é importante salientar que sua finalidade não é a comercialização direta, como na feira, e sim a fomentação de uma imagem positiva das instituições ou empresas promotoras. Assemelha-se, contudo, às feiras pelo tamanho, e poderão ser trabalhados para um público mais ou menos segmentado. O Salão do Turismo é um exemplo.

2.2.6.7 *Vernissage*

Um *vernissage* exibirá produções artísticas de um ou mais artistas. Os temas em exposição no *vernissage* podem ser variados ou únicos; contudo, as obras precisam ser inéditas. Um vernissage pode ser realizado em outros eventos, como um evento paralelo, ou antecedendo o evento maior. Pode ou não ser itinerante e, normalmente, é realizado em data móvel, de acordo com a produção dos artistas.

2.2.6.8 Congressos

Os congressos são eventos considerados, em sua maioria, de grande porte. Portanto, exige-se atenção redobrada na sua elaboração. São eventos que podem ter duração de vários dias, com um público participante inteirado nos assuntos que serão discutidos. É promovido por entidades associativas com a finalidade de estudar temas cujas conclusões são adotadas no todo ou em parte e, posteriormente, encaminhadas às autoridades, como posição de classe. Os congressos de medicina são exemplos. Os congressos podem ser regionais, nacionais e internacionais.

2.2.6.9 Conferência

A conferência trará um conferencista que já é reconhecido pelo público participante; portanto, exige-se que seja uma pessoa que tenha domínio do assunto a ser exposto. A plateia é convidada a participar mediante a colocação de perguntas quando a conferência for o evento principal. Se a conferência fizer parte de um evento maior, é interessante não abrir para questionamentos do público por questão de tempo.

2.2.6.10 Palestras

Palestras são eventos realizados para um público pequeno. O assunto que será desenvolvido geralmente será de natureza educativa. O palestrante terá um tempo estipulado para realizar a sua explanação. É interessante que esse tempo não ultrapasse uma hora. Ao final, o público poderá fazer perguntas.

2.2.6.11 Ciclo de palestras

O ciclo de palestras tem as mesmas características de uma palestra; contudo, é realizado com a presença de mais palestrantes. O cuidado com o tempo também deverá ser observado nesse tipo de evento, de forma a não ser cansativo para o público participante.

2.2.6.12 Simpósio

O simpósio é um evento de curta duração e pequeno porte que proporcionará troca de informações. O objetivo central não promover um debate, mas sim um intercâmbio de informações. Este evento, que conta com a presença de um moderador, é muito utilizado para a exposição de temas científicos e educacionais.

2.2.6.13 Mesa-redonda

É um evento em que se promove a discussão de assuntos. Primeiramente, esses assuntos são expostos; depois, colocados em debate entre os convidados. Existe a presença de um moderador, que organizará a mesa e estabelecerá tempo limitado para as exposições e debates. A plateia participa com perguntas dirigidas à mesa.

2.2.6.14 Painel

O painel terá a presença de um moderador, que irá mediar o evento. Não existe debate entre os convidados, e sim a exposição do assunto. Posteriormente, a plateia encaminhará perguntas que serão realizadas pelo moderador. A triagem das perguntas deverá ser feita anteriormente, para uma melhor condução de tempo do painel.

2.2.6.15 Fórum

O fórum é um evento muito interessante que apresenta, em sua essência, o questionamento sobre assuntos pertinentes à sociedade como um todo. Esses assuntos são amplamente discutidos por especialistas, pelo Poder Público e também pela própria plateia, e dessas discussões são tiradas diversas soluções para os problemas levantados. É um evento que terá duração de um ou vários dias, dependendo da abrangência das discussões. O fórum da cidadania contra a violência, realizado em 2006, é um exemplo.

2.2.6.16 Convenções

A convenção apresenta uma série de exposições de vários assuntos por diversas pessoas. Existe a presença de um moderador. É promovida por entidades empresariais e políticas, como reunião de membros de um partido político para a escolha de candidatos, reunião de vendedores etc.

2.2.6.17 Seminário

O seminário poderá ser conduzido por uma única pessoa ou por um grupo. A exposição do assunto é feita para um grupo e existe a presença de um coordenador, que organizará a exposição. O seminário é dividido em três fases: exposição, discussão e conclusão.

2.2.6.18 Debate

Um debate procura proporcionar uma discussão entre duas ou mais pessoas. Com a presença de um moderador, as discussões são feitas com controle de tempo entre os convidados. Poderá haver réplica e tréplica, quando necessário. A plateia não pode se manifestar em um debate, a não ser com aplausos e protestos moderados.

2.2.6.19 Conclave

É um tipo de evento que tem características bastante particulares. Em primeiro lugar, apresenta caráter religioso. Seus participantes discutem questões de ordem moral, ética e, algumas vezes, dogmática em relação à religião. Desta forma trabalham-se os concílios, que constituem uma divisão do conclave.

2.2.6.20 *Brainstorming*

O *brainstorming* é um evento que proporcionará a apresentação de diversas ideias entre seus participantes. Haverá a presença de um moderador que, ao final, realizará a seleção das melhores sugestões apresentadas. Atualmente, o *brainstorming* é um evento muito utilizado para despertar a criatividade dos participantes.

2.2.6.21 Semana

A semana se assemelha muito ao congresso; contudo, a duração da semana é maior, equivalente aos sete dias da semana. A dinâmica e organização adotadas são as mesmas dos congressos.

2.2.6.22 Jornada

A jornada é um evento promovido, muitas vezes, por entidades de classe, e tem duração de vários dias. Os encontros proporcionam a discussão de assuntos ligados aos interesses dessas entidades de classe.

2.2.6.23 Concentração

A concentração é semelhante à jornada; contudo, difere-se pela informalidade. Os assuntos discutidos não são tão formais quanto os da jornada, caracterizando-se em reuniões mais simples.

2.2.6.24 Entrevista coletiva

São eventos que chamam muito a atenção por serem cada vez mais organizados. As entrevistas coletivas trazem uma projeção midiática interessante, exigindo dos organizadores muita atenção, por constituírem eventos realizados para a imprensa. A agilidade na organização de ume entrevista coletiva poderá fazer a diferença.

2.2.6.25 *Workshop*

O *workshop* trata de encontros nos quais há uma parte expositiva seguida de demonstrações do objeto (produto) que gerou o evento. Poderá fazer parte de um evento de maior amplitude.

2.2.6.26 Oficinas

As oficinas assemelham-se aos *workshops*, distinguindo-se pelo fato de serem mais utilizadas na área educacional. Costumam ser interessantes como parte de eventos de porte maior.

2.2.6.27 Assembleias

São eventos que contam com a presença de grupos como delegações, estados, países, entre outros. São colocados em debate diversos assuntos que devem ser de interesse amplo desses grupos. A peculiaridade é a colocação de delegações em lugares já preestabelecidos. As conclusões obtidas são colocadas em votação e postas em recomendação da assembleia. Vale salientar que apenas as delegações oficiais têm direito a voto.

2.2.6.28 Estudo de caso

Evento cada vez mais utilizado em reuniões de negócios, no qual são discutidos aspectos relevantes sobre um tema, produto ou serviço. A principal ação é encontrar possíveis soluções para os problemas apontados.

2.2.6.29 Colóquio

O colóquio é um evento que apresenta como característica a exposição de um assunto de conhecimento específico. Muito usado em alguns ambientes acadêmicos para exposições de trabalhos, como os de conclusão de curso. Exige-se a elaboração de um texto, o qual deverá ser transmitido durante a exposição. É considerado uma maneira formal de exposição de trabalhos acadêmicos.

2.2.6.30 Confraria

Encontro social que proporciona a reunião de um grupo de forma sistemática, ou seja, acontece no mesmo local, com as mesmas pessoas e discute o mesmo tema. A troca de informações sobre esse tema também é o ponto forte da confraria, proporcionando aos participantes uma agradável convivência. As confrarias dos apreciadores de charutos e dos degustadores de vinhos são exemplos.

2.2.6.31 Sarau

O sarau é um evento no qual os participantes apresentam expressões artísticas como musicais, cantos, serestas, poemas, entre outras. É um evento que vem se destacando, principalmente, em escolas.

2.2.6.32 *Pocket show*

Outro tipo de evento que vem ganhando força, o *pocket show* é uma alternativa interessante para a realização de apresentações artísticas de cantores, poetas, grupos musicais, entre outros. É feito para um pequeno grupo de pessoas e pode ser realizado em espaços como *pubs*, galerias de arte e, principalmente, livrarias.

2.2.6.33 Coquetel

É ideal para ser realizado paralelamente a grandes eventos. Pode ser organizado no início ou no término de eventos maiores. O coquetel proporciona a circulação dos convidados e traz serviços como bebidas, aperitivos, entre outros, dispostos à mesa conforme as formalidades da ocasião. É interessante que o tempo de duração do coquetel não ultrapasse duas horas.

2.2.6.34 *Happy hour*

Evento que vem ganhando cada vez mais adeptos, trata-se de uma ocasião mais informal que visa, principalmente, momentos de descontração. Geralmente realizados em bares e similares, procuram proporcionar uma fuga da rotina de trabalho no final do dia. Muitas empresas têm promovido *happy hour* aos seus colaboradores como forma de incentivá-los e motivá-los, principalmente porque notaram que, nessas ocasiões, os colaboradores acabam discutindo assuntos da própria empresa e, muitas vezes, encontram soluções para vários problemas.

2.2.6.35 Chá da tarde

Este evento foi muito comum até meados do século passado. Reunia, principalmente, senhoras da sociedade e durava até as 17 horas, pois as participantes deveriam retornar às suas casas para fazer face às suas obrigações. O costume do chá da tarde perdeu-se ao longo do tempo; contudo, é um evento que está sendo resgatado, principalmente por ocasião de encontros mais especiais.

2.2.6.36 *Coffee-break*

O *coffee-break* é muito utilizado nos intervalos de outros eventos. Sua temática deve ser estabelecida de acordo com o evento em questão. O cardápio deve apresentar variedades de salgados, doces, sucos, chás, café, água, entre outros.

Definição e Características dos Eventos

2.2.6.37 *Welcome coffee*

O *welcome coffee* se assemelha, em termos de organização, ao *coffee-break*; contudo, é servido a convidados especiais, como palestrantes. Poderá ser servido antes da apresentação dos palestrantes como forma de hospitalidade.

2.2.6.38 *Show*

Apresentação artística de entretenimento a um público-alvo. Faz parte da programação de diversos tipos de eventos.

2.2.6.39 Bodas de casamento

Os casamentos, que movimentam muito o mercado de eventos, são considerados dentre os tipos de eventos mais promissores, tidos como uma "indústria" que movimenta milhões todos os anos. São cerimônias que exigem do organizador planejamento com bastante antecedência, principalmente porque envolvem a locação de espaços como igrejas e salões de festas muitas vezes concorridos. Sua organização requer muita atenção e criatividade.

2.2.6.40 Formaturas

São eventos de médio a grande porte e envolvem exigências a serem consideradas. Abrange uma cerimônia oficial e pública de colação de grau. É conduzida por um mestre de cerimônias. O cerimonial acadêmico consiste em indicação dos homenageados (alunos e docentes), convite ao orador, patrono e paraninfo, para que profiram seus discursos e homenagens. Procede-se à leitura dos nomes dos formandos, em ordem alfabética, para que assinem o livro e recebam os certificados e congratulações. O encerramento da cerimônia é feito pela autoridade acadêmica de maior grau presente, agradecendo-se a presença dos pais, parentes e amigos. A formatura poderá ter sua comemoração estendida a bailes, coquetéis, jantares, viagens e festas privadas, em casas noturnas da moda.

2.2.6.41 Concursos

Os concursos são eventos que despertam o espírito competitivo entre os participantes; contudo, não estão relacionados à competição de força física ou talento esportivo. Os competidores deverão seguir todas as regras estabelecidas previamente em regulamento elaborado para a ocasião. Aqueles que descumprirem essas regras estarão sujeitos a penalidades que vão desde a perda de pontos até a desclassificação. Pode ser apresentado uma única vez, com data e locais diversos. O melhor exemplo de concurso é o Concurso de Miss Universo, com abrangência mundial, no qual são envolvidas as mais diferentes áreas de operação e logística, promoção e divulgação do evento.

2.2.6.42 Torneio

Um torneio é uma competição, também regida por regras estabelecidas, que apresenta um número ilimitado de participantes. Os torneios proporcionam a eliminação dos concorrentes conforme as fases até se chegar à dupla finalista. Os melhores exemplos são os torneios de xadrez, gamão e lutas, entre outros.

2.2.6.43 Campeonatos

São eventos parecidos com os torneios, mas que apresentam regras mais rigorosas e são realizados em tempo e estrutura maiores que os torneios. Abrangem as competições esportivas das modalidades equestres, automobilísticas, náuticas, jogos de bola em grupos de vôlei, basquete e futebol, entre outros.

2.2.6.44 Olimpíadas

Consideradas como um dos eventos desportivos de maior alcance mundial, as Olimpíadas são tidas como conjuntos de torneios e campeonatos sujeitos a regulamentos das associações internacionais das modalidades esportivas e com maior amplitude de participação e divulgação.

2.2.6.45 Desfiles de moda

Outro tipo de evento que mercadologicamente está muito em evidência, os desfiles trazem as tendências ditadas por estilistas de renome e apresentam as novas tecnologias em tecidos e acabamentos, acessórios e até maquiagem, com a utilização de manequins que passeiam por uma passarela que permeia a plateia. São considerados eventos em si e fazem parte de eventos maiores, como a São Paulo Fashion Week.

2.2.6.46 Desfiles de escolas de samba

Os desfiles de escolas de samba são, hoje, um dos eventos mais populares no Brasil. Destacam-se pela exposição de carros alegóricos, fantasias e músicas enquadrados em um enredo apresentado nas apoteoses do samba, dentro de um tempo estabelecido de desfile. Os desfiles de escolas de samba tornaram-se atividades promissoras em diversas comunidades no Brasil, sendo assim considerados eventos democráticos que englobam todas as classes sociais, credos, cores e tradições. Os desfiles das escolas de São Paulo e do Rio de Janeiro são transmitidos para o mundo todo, sendo geradores de empregos diretos e indiretos durante sua realização.

2.2.6.47 Paradas

As paradas são eventos abertos ao público muito comuns em países como os Estados Unidos. No Brasil, constituem um tipo de evento que está começando a se destacar. Em geral, trazem carros alegóricos ou de som e uma parafernália de equipamentos lúdicos. A Parada Gay, que é um dos eventos mais promissores da cidade de São Paulo, e as marchas religiosas, como a Marcha para Jesus, que expressa excelente logística, são exemplos de paradas.

2.2.6.48 Cerimônias

As cerimônias são reuniões solenes que podem seguir um protocolo e cerimonial pertinentes. Podem ser reuniões solenes de cunho social, político, acadêmico, governamental e religioso. Poderão, conforme seu objetivo, abranger casamentos, bodas, funerais, comemorações, entre outros. Poderão apresentar serviços como *buffets*, recepção, apoio, entre outros.

Definição e Características dos Eventos

2.2.6.49 Leilões

Os leilões são exposições de produtos que, muitas vezes, são obras de arte, antiguidades ou tapeçarias. Atualmente, existem leilões que trazem produtos como gado, carros, imóveis, joias, entre outros. O público é convidado a participar e fará lances a partir de um valor mínimo estabelecido para os produtos leiloados. Aquele que oferecer o maior lance ganha o direito de compra e aquisição do produto leiloado. O evento é mediado por um leiloeiro.

2.2.6.50 Ruas de lazer

Tipo de evento bastante democrático que tem como essência trazer lazer a determinadas comunidades. Os espaços abertos, como ruas e praças, são ideais para a realização desse tipo de evento, onde acontecem atividades como recreação, gincanas e jogos.

Vamos recapitular?

Neste capítulo, você aprendeu que, para um melhor planejamento de um evento, devem-se seguir alguns critérios. O estabelecimento da dimensão do evento, assim como a sua data e o perfil do seu público, são fundamentais. O critério que não poderá ser esquecido é o da tipologia; é necessária atenção porque existem eventos que podem ser parecidos, mas não são iguais.

O conhecimento dos tipos de eventos faz com que o organizador de eventos possa estabelecer de forma mais esclarecedora as estratégias das ações a serem utilizadas. É fundamental o conhecimento da tipologia para que não ocorram erros.

Adotados os critérios, o organizador poderá iniciar o processo de concepção do planejamento do evento.

Agora é com você!

1) Mencione os motivos pelos quais os organizadores de eventos devem conhecer as características de um evento.

2) Qual a importância de se contratar fornecedores confiáveis para o seu evento? Justifique utilizando os critérios apontados no capítulo apresentado.

3) Você foi contratado para realizar uma cerimônia de aniversário de uma empresa. O evento acontece todos os anos, no mês de agosto, e você terá um prazo de 3 meses para organizar o evento para um público de cerca de 300 convidados colaboradores da empresa. Para um melhor planejamento, estabeleça quais critérios você irá adotar para o evento, relacionando-os conforme os dados apresentados.

4) Qual a importância de conhecer a fundo a tipologia que será estabelecida para o evento?

3

Planejamento dos Eventos

Para começar

Abordaremos neste capítulo a importância do planejamento de um evento. Apresentaremos as principais ações pertinentes à construção do evento, evidenciando os pontos a serem considerados para que ele se torne um sucesso.

O planejamento de um evento é o momento no qual serão definidas as estratégias a serem empregadas no evento. Exige-se muita responsabilidade e, principalmente, organização de todas as etapas do evento, razão pela qual é necessária muita atenção: "[...] planejamento é o processo desenvolvido para alcançar uma situação desejada, de modo mais eficiente e efetivo, com a menor concentração de esforços e recursos pela empresa. O processo de planejar envolve salutar modo de pensar [...]" (ZITTA, 2009, p. 224).

Quando entramos na fase de planejamento de um evento, empregamos todos os esforços para que ele seja feito da melhor maneira, pois ele é concebido justamente no seu planejamento.

Costumamos dizer que um planejamento mal idealizado refletirá em problemas na execução do evento, uma vez que o evento acontece "ao vivo" e é, portanto, passível de erros que não foram previstos na fase de planejamento. O pior momento para um organizador se dá quando o público percebe esses erros, de forma que o evento seja comprometido.

Quando se planeja um evento, é muito importante a concepção de algumas ações para que o organizador possa definir melhor o caminho que deverá seguir. O planejamento de um evento terá como principais ações a definição dos objetivos, o público do evento, as estratégias para o evento, os recursos necessários e disponíveis, os riscos para a sua realização, o orçamento e a avaliação.

3.1 Definição dos objetivos

Não existe planejamento se não houver o apontamento de alguns objetivos a serem seguidos. Considerando-se um evento, precisamos ter esclarecidos quais objetivos queremos alcançar com ele.

O organizador deverá classificar os objetivos como gerais e específicos. Uma vez estabelecidos, os objetivos servirão de orientação para nortear as ações. Não se pode perder os objetivos propostos no planejamento de um evento.

O objetivo geral tratará de uma proposta dentro de um contexto geral do que se pretende alcançar com a realização do evento.

Os objetivos específicos, por sua vez, revelam as principais ações para o evento. O não cumprimento dos objetivos específicos compromete a realização do evento.

Podemos exemplificar a construção dos objetivos para um evento da seguinte maneira:

Evento: lançamento de um novo telefone celular

» Objetivo geral: apresentar um novo modelo de aparelho de telefone celular aos possíveis fornecedores do produto e ao público consumidor.

» Objetivos específicos

Contratar mestre de cerimônias;

Elaborar logotipo do evento;

Enviar convites aos participantes;

Identificar veículos de divulgação;

Locar equipamentos de iluminação e som;

Contratar recepcionistas;

Contratar serviços de alimentos e bebidas.

É importante destacar que, para a construção dos objetivos, o verbo utilizado estará sempre no infinitivo.

Definidos os objetivos, vamos partir agora para as estratégias que utilizaremos nos nossos eventos.

3.2 Estratégias

Quando falamos em estratégias para os eventos, consideramos as atrações que o evento trará para atrair o público. Este é, sem dúvida, o ponto-chave do evento, pois será por meio dessas atrações que o organizador definirá, inclusive, as ações de *marketing* aplicadas. É necessária criatividade nesse momento, sempre buscando inovações nas propostas apresentadas.

Vale ressaltar que as atrações estabelecidas para os eventos devem estar de acordo com a proposta do evento. Para isso, o conhecimento do perfil do público participante é fundamental. Não se pode, por exemplo, contratar uma banda de pagode para um *show* de *rock*, ou vice-versa. Isso fica claro quando definimos as estratégias para o evento.

Podemos também definir como estratégias os meios que utilizaremos para nos comunicar diretamente com o público do evento.

Nesse momento, estabeleceremos as estratégias de comunicação por meio de divulgação como propagandas em rádio, televisão, jornais e revistas, bem como por meio de *banners*, cartazes, *outdoors*, convites, mala direta, entre outros.

3.3 Perfil do público

Muitas vezes, para definirmos o público que comparecerá ao nosso evento, é necessária a realização de um levantamento. O levantamento desses dados é feito por meio de pesquisas e deve abordar questões que nos auxiliam na identificação de aspectos como faixa etária, escolaridade, sexo, situação socioeconômica, entre outros.

Feita a pesquisa, poderemos definir quem são as pessoas que frequentarão nosso evento. Isso será útil para o organizador no momento de estabelecer se o evento será aberto, semiaberto ou fechado.

3.4 Recursos

Outra questão a ser considerada refere-se ao levantamento dos recursos necessários para o evento.

É uma das etapas mais demoradas, que exige profunda atenção. É o momento em que serão definidos quais recursos administrativos, operacionais e humanos serão necessários no nosso evento.

O organizador se atenta, nesse instante, à compreensão de todos os recursos que serão necessários para a realização do evento, assim como à identificação e quantificação de todos os materiais e equipamentos administrativos e operacionais, além de projetar quais e quantos colaboradores serão necessários para a realização do evento.

Feito todo o inventário necessário, o organizador deve propor ao cliente o orçamento para a realização do evento.

3.5 Recursos humanos

A definição dos recursos humanos que atuarão no evento é algo que o organizador deverá fazer com bastante calma e atenção. Não se pode contratar apenas por contratar; deve-se entender que o colaborador, ao atuar no evento, é o elo entre o evento e os participantes. Portanto, o organizador precisará estar muito atento às escolhas da equipe para o evento.

Antes de partir para a contratação dos colaboradores do evento, é fundamental que o organizador saiba de quais profissionais precisará para o evento e quantos profissionais em cada setor do evento ele irá alocar.

A partir do momento em que se identificam esses fatores, o organizador do evento partirá para a contratação dos colaboradores. Essa contratação costuma ser feita de forma terceirizada, o que requer o dobro de cuidado no momento da escolha dos profissionais.

> **Fique de olho!**
>
> É essencial que se obtenham diversas referências sobre os profissionais que atuarão no evento, a qualidade dos serviços oferecidos, em quais eventos eles já atuaram e como foram essas atuações.

Ao contratar, é preciso também capacitar. A capacitação dos colaboradores é imprescindível. Em muitos eventos, quando os colaboradores não são capacitados, existem prejuízos irreparáveis, desde informações transmitidas de forma equivocada até absurdos como maus-tratos aos participantes.

Ao capacitar os colaboradores, deve-se comunicar-lhes de que trata o evento, para quem e para quantas pessoas será o evento, quais as principais informações do evento como horários, listas de atividades, quem realizará as atividades, onde elas acontecerão, se existirão convidados especiais e com deficiências, quais equipamentos serão utilizados, como manuseá-los, entre outras.

Ao se planejar um evento, o organizador deverá definir as funções dos colaboradores de forma clara e objetiva. A determinação do que cada colaborador realizará no evento é fundamental para que não haja equívocos e confusão na distribuição das funções.

A organização da relação dos profissionais atuantes no evento poderá ser feita em forma de quadros e tabelas, o que facilitará a visualização do organizador. Esses quadros e tabelas poderão conter os seguintes dados: cargo, função, quantidade de colaboradores, o nome e um campo para observações gerais.

Alguns cargos exigem certos requisitos que precisarão ser reconhecidos no momento da contratação. No caso específico de cargos relacionados, dois são muito importantes: a recepcionista e o mestre de cerimônias.

3.5.1 Recepcionista

A recepção do evento é o primeiro momento em que os participantes terão contato direto com o evento. Os profissionais que atuarão em eventos como recepcionistas deverão apresentar características como seriedade, postura, cordialidade, gentileza, empatia, simpatia, paciência, competência, boa apresentação pessoal, além de linguajar adequado.

> **Fique de olho!**
>
> Para atuar como recepcionista, além das características apontadas, é fundamental que se conheça as formas de tratamento adequadas, como tratar o público sempre por senhor, senhorita ou senhora, utilizar sempre expressões como por favor, obrigado, com licença, tenha a bondade, por gentileza, como posso ajudar, entre outras.
>
> O material a ser utilizado na recepção, como *checklist* dos convidados, credenciais, brindes, entre outros, deverão ser organizados de forma a facilitar o trabalho da recepção sem perda de tempo.

O uso correto dos pronomes de tratamento promove um atendimento mais correto. Portanto, o recepcionista não poderá cometer erros ao aplicar esses pronomes de tratamento. Vale a pena conhecer alguns deles.

Tabela 3.1 - Pronomes de tratamento

Pronome	Abreviaturas (singular)	Abreviaturas (plural)	Emprego
Você	v.	*	Tratamento informal
O(s) senhor(es), a(s) senhora(s)	Sr./Sra.	Srs./Sras.	Tratamento formal ou cerimonioso
Vossa Alteza	V.A.	VV.AA.	Príncipes, princesas, duques
Vossa Eminência	V. Em.a	V.Em.as	Cardeais
Vossa Excelência	V.Ex.a	V.Ex.as	Altas autoridades
Vossa Magnificência	V.Mag.a	V.Mag.as	Reitores de universidades
Vossa Majestade	V.M.	VV.MM.	Reis, imperadores
Vossa Reverendíssima	V.Rev.ma	V.Rev.mas	Sacerdotes
Vossa Senhoria	V.S.a	V.S.as	Autoridades, tratamento respeitoso, correspondência comercial
Vossa Santidade	V.S.		Papa, Dalai Lama

3.5.2 Mestre de cerimônias

Profissional que conduz o evento; é figura essencial em alguns tipos de eventos, tendo como funções dirigir cerimônias, festas, solenidades, sempre se orientando por um roteiro desenvolvido, muitas vezes, em parceria com o organizador do evento. Mais à frente apresentaremos melhor o papel e as características do mestre de cerimônias.

3.6 Orçamento

O orçamento é um dos momentos mais delicados do evento, quando muitas vezes a idealização contrasta com a realidade.

Para a elaboração do orçamento do evento, é necessário que o organizador faça, pelo menos, três orçamentos junto aos fornecedores, identificando perante o cliente quais são as melhores opções e salientando que nem sempre o mais barato é o melhor, prevalecendo assim o bom senso e também a qualidade dos serviços e dos produtos.

A prestação de todos os custos deve ser constantemente discutida com o cliente, assim como todo o fluxo de caixa do evento. Todos os gastos devem ser claramente posicionados periodicamente para que não haja dúvida.

Não só os custos do evento devem ser discutidos; a captação de receita para o evento também deve ser uma tarefa trabalhada entre o organizador e o cliente. Muitas vezes, é o organizador que orienta o cliente em relação à captação de receitas, patrocínio e apoio para o evento.

Em se tratando de captação de recursos por meio de patrocínios, é imprescindível que o organizador estabeleça cotas de patrocínio para que sejam realizadas negociações dessas cotas com os possíveis interessados.

As formas de patrocínio de um evento podem ser:

» **Total ou exclusivo:** apenas um patrocinador entrará no projeto, custeando de forma integral todos os gastos com o evento.

» **Oficial:** o patrocinador arca com cerca de 60% dos custos que envolvem a produção do evento. Esse tipo de evento permite que outros patrocinadores custeiem o restante dos custos.

» **Copatrocínio:** representa a divisão entre um ou mais patrocinadores do evento. Ambos deverão ter, nesse caso, direitos de divulgação iguais dentro do evento.

» **Apoio:** representa cotistas que podem participar com materiais ou com pequenos valores.

» **Apoios oficiais:** participação de órgãos públicos no evento.

» **Parceiros comerciais:** empresas cujo interesse é comercial em relação ao evento. Esses parceiros podem cooperar diretamente com os principais patrocinadores do evento.

Outras formas de captação de receita para os eventos podem ser vendas de ingressos ou inscrições para participação no evento, locação ou venda de espaços aos possíveis expositores, outros eventos, doações de pessoas físicas e/ou jurídicas, captação por meio de leis de incentivo fiscais, dentre algumas leis de incentivo fiscais.

O próprio Ministério da Cultura apoia projetos culturais por meio da Lei Federal de Incentivo à Cultura (Lei nº 8.313/91), Lei Rouanet, Lei do Audiovisual (Lei nº 8.685/93) e também por editais para projetos específicos, lançados periodicamente.

Amplie seus conhecimentos

A Lei Rouanet é uma das mais importantes para a captação de recursos quando falamos em projetos culturais. As empresas que patrocinam projetos e eventos culturais por intermédio da Lei Rouanet poderão ter incentivos fiscais, o que beneficia a todos os interessados. É importante que o organizador de eventos conheça os caminhos que permeiam a utilização das leis para seus eventos.

Para conhecer a Lei Rouanet, veja sua íntegra no Apêndice, ao final deste livro.

É importante salientar que a prestação de contas do evento deverá ser feita constantemente. A aprovação do orçamento pelo cliente dependerá da forma como ele será exposto. É interessante que o organizador de eventos realize constantemente reuniões com o cliente para essa prestação de contas. O fluxo de caixa do evento deverá ser apresentado sempre, além do arquivo de todas as notas fiscais emitidas com compras de materiais, equipamentos e contratação de serviços. Essas notas farão parte do relatório final do evento e poderão ser apresentadas a qualquer momento ao cliente.

O resultado operacional deverá constar no projeto do evento, apresentando os custos do evento menos a receita projetada. Mais à frente, será ilustrado o modelo de resultado operacional.

3.7 Avaliação

Outra ação indispensável para a organização de um evento é a avaliação que deverá ser feita após o evento. Nela, o organizador poderá compartilhar com o cliente tudo que considerou positivo, bem como os pontos negativos, para que não se repitam em uma próxima ocasião. É possível utilizar também recursos como opinários para verificar qual a opinião do público em relação ao evento. Esses opinários deverão ser montados de forma que o organizador possa tabular os dados obtidos e traduzi-los em gráficos para posterior apresentação ao cliente.

Para que as ações fiquem claras na hora do planejamento de um evento, é relevante seguirmos uma linha de raciocínio na qual estabelecemos algumas fases do processo, como pesquisa de mercado, objetivos, definição das estratégias e elaboração do projeto do evento.

Vamos recapitular?

Neste capítulo, aprendemos a importância do planejamento para um evento. Vimos como podemos desenvolver os objetivos do evento, considerando os objetivos gerais e específicos, como estabelecer estratégias para o nosso evento, como atrações e divulgação.

Aprendemos que, sem definirmos o perfil do público, não há como darmos continuidade ao evento. O levantamento dos recursos humanos necessários ao evento também se torna um ponto essencial no planejamento, bem como conhecer quais cargos serão necessários, função e quantidade de colaboradores e a importância de se capacitar a mão de obra utilizada. Identificamos a necessidade de se estruturar de forma clara e precisa o orçamento do evento, considerando todas as estratégias de captação de recursos e cuidados com os custos.

Por fim, foi levantada a relevância das avaliações que o organizador poderá utilizar para verificar os pontos positivos e negativos que ocorreram no evento.

Agora é com você!

1) Como um planejamento mal elaborado poderá atingir diretamente a produção do evento?

2) Quais ações dentro do planejamento de um evento poderiam inviabilizar a aprovação do projeto pelo cliente?

3) Por que capacitar o colaborador dos eventos pode minimizar futuros problemas na sua execução?

4) Elabore um opinário com dez perguntas para ser aplicado ao final de um evento sobre lançamento de um aparelho de telefone celular. O evento apresentou serviços como recepção, sorteios de aparelhos para a plateia, interatividade do mestre de cerimônias com o público, um *show* com uma banda de *rock* famosa, discurso do presidente da empresa e vídeos promocionais com o produto. Considere que o evento foi realizado para um grupo de revendedores do produto e, ao final, foram distribuídos alguns chaveiros com o modelo do aparelho ao público.

As Fases de um Evento

Para começar

Este capítulo mostrará como reconhecer as fases de um evento e a necessidade de sua divisão para melhor planejamento e organização. Veremos também que o sucesso de um evento dá-se pelo seu empenho em planejar, organizar, executar e avaliar.

4.1 Como reconhecer as fases de um evento?

Todo evento deve ser tratado como único. As fases de um evento devem ser muito bem elaboradas e tratadas com riqueza de detalhes.

É imprescindível identificar a necessidade de distribuição das ações pertinentes a cada etapa de um evento. Essas etapas são chamadas de fases do evento, e são: pré-evento, transevento e pós-evento.

A primeira fase é, sem dúvida, a mais longa do processo de criação e desenvolvimento de um evento. Ela engloba decisões extremamente importantes que possibilitam a viabilidade do evento.

Já o transevento é a fase mais intensa e requer maior nível de coordenação e supervisão, tendo em vista que envolve a execução de todo o planejamento e organização para que sejam alcançados os resultados esperados.

Uma vez realizado o evento, o pós-evento permite que se faça uma avaliação de resultados com base nas metas propostas no pré-evento.

O contratante do evento não costuma atentar-se a todos os detalhes. Por esse motivo, existem os profissionais da área para direcionar as informações pertinentes à sua satisfação e ao sucesso do evento.

4.2 Pré-evento

É a primeira fase em destaque, pois é neste momento que norteamos o processo de criação, desenvolvimento e viabilização do evento. Sugere-se a utilização de algumas perguntas para melhor direcionamento das etapas a serem desenvolvidas na fase pré-evento:

» Qual a data em que será realizado o evento?

» Qual o local onde o evento acontecerá?

» Qual o horário de início e de término do evento?

» O evento terá um tema principal, qual será ele?

» Quais serão as atividades que vamos oferecer ao público e em que momento elas serão realizadas?

» Quais serão as melhores estratégias de divulgação utilizadas para o evento?

» De quantos colaboradores precisaremos para o evento e onde podemos contratá-los?

» Quais são os custos envolvidos na realização do evento? A previsão de orçamento está de acordo com os gastos?

» Quem serão os fornecedores?

» De onde virá a receita gerada pelo evento? Quem serão meus prováveis patrocinadores e/ou apoiadores?

Feitas as perguntas, o organizador começará a se orientar rumo à elaboração do que chamamos de *briefing*. O *briefing* ou projeto do evento é o momento em que este começa a se concretizar, quando ficam claras quais etapas serão necessárias para a sua realização.

A palavra *briefing*, de origem inglesa, significa, segundo o *site* Dicionário Web (2013), "uma apresentação ou levantamento de informações ou instruções. Elenco de informações ou orientações estratégicas que guiam uma ação, uma campanha publicitária".

Utilizamos o *briefing* ou projeto do evento como um guia de ações e também como material estratégico para apresentar o evento ao cliente. Trata-se do projeto do evento. "O projeto de organização de eventos engloba inúmeras providências que deverão estar encadeadas entre si, de forma clara e objetiva, para que fiquem bem definidas as fases de início, maturação e encerramento do evento" (BRITTO; FONTES, 2002, p. 189).

Vale ressaltar que o projeto do evento tem grande relevância caso seja necessário convencer o cliente de algo ou esclarecer-lhe alguma dúvida. Portanto, a apresentação do *briefing* deverá ser feita com extrema qualidade.

Quais pontos são fundamentais na composição de um *briefing* ou projeto de um evento? Para responder esse questionamento, apresentaremos os tópicos que compõem o projeto de um evento.

4.2.1 Título do evento

Começaremos o nosso *briefing* pelo título dado ao evento. É importante salientar que, em algumas ocasiões, utilizamos a própria tipologia na composição do título do evento.

Por exemplo: "I Congresso Brasileiro sobre Capitação de Medula Óssea"

Reparem que a tipologia Congresso acompanhou o título do evento.

4.2.2 Promotor do evento

Damos o nome do promotor do evento ao cliente. O promotor, portanto, poderá ser uma pessoa física ou jurídica. É quem solicita o evento e para quem deveremos prestar contas. Alguns organizadores de eventos colocam nesse campo os contatos dos promotores, como endereço, telefone, *e-mails*, entre outros.

4.2.3 Organização do evento

É a empresa ou pessoa física que está organizando o evento. É interessante neste tópico mencionar como entrar em contato com o organizador.

Algumas empresas fazem uma pequena apresentação, como principais eventos realizados, principais clientes, principais serviços oferecidos, logotipo da empresa, entre outros. É recomendável cuidado para não exagerar nas informações, pois isso poderá cansar o cliente.

4.2.4 Tipologia do evento

Tipo de evento está sendo organizado (por exemplo, congressos, bodas de casamento, palestras, entre outros).

4.2.4.1 Tema do evento

Trata-se da temática que será abordada no evento. É importante que o organizador não confunda tema com o título do evento.

Exemplo

- » **Título do evento:** "Comemoração do aniversário de dois anos de João".
- » **Tema do evento:** A temática utilizada será do personagem X de desenhos animados.

4.2.4.2 Justificativa

Muitas vezes é necessário, por meio de pesquisas e dados estatísticos, apresentar ao cliente um panorama sobre as vantagens de se realizar o evento, principalmente em eventos corporativos nos quais o organizador traça um perfil do mercado.

Sempre que o organizador trabalhar com dados, é importante mencionar as fontes utilizadas.

4.2.4.3 Local do evento

Neste tópico, é importante acrescentar informações como endereço do local, mapa de localização, vias de acesso, metragem do espaço, áreas disponíveis para a realização do evento, *layout* do local, contato dos responsáveis e, se possível, complementar com algumas fotos. Essas informações poderão vir nos anexos do *briefing*.

A determinação da escolha do local do evento deve ser feita em conjunto entre o organizador e o cliente. Recomenda-se uma pesquisa com muita antecedência, principalmente em determinadas épocas do ano, quando há maior procura por espaços.

> **Fique de olho!**
>
> Não se deve procurar espaços pouco tempo antes da realização do evento. É importante adiantar-se nessa procura. Quanto mais tempo você tiver para procurar um espaço, melhor será em termos de negociação e pagamento de valores como a locação do local.

4.2.5 Data do evento

Mencionar o dia, mês e ano da realização do evento.

A data para realizar um evento também deve ser escolhida em conjunto com o cliente. Quanto mais cedo for determinada a data, melhor será, pois haverá como programar as ações pertinentes ao evento em tempo hábil e sem afobação.

4.2.6 Objetivos

Deve-se apontar, em primeiro lugar, o objetivo geral do evento, depois os objetivos específicos, ambos apresentados com o verbo no infinitivo.

> **Lembre-se**
>
> Os objetivos do evento deverão aparecer neste tópico.

4.2.7 Público-alvo

Mensurar a quantidade de pessoas que frequentarão o evento e definir um perfil desse público, como faixa etária, sexo, profissão, escolaridade, entre outros.

4.2.8 Carga horária do evento

Este tópico deverá apresentar qual carga horária será necessária para a realização do evento. Nesse momento, devemos considerar o tempo necessário para a montagem do evento, o evento em si e também para desmontar o evento.

Ao final, devemos somar a carga horária de cada etapa a fim de determinar uma carga horária total.

4.2.9 Horário de realização do evento

Neste tópico apresentamos apenas os horários de início e término do evento, mas apenas do evento em si, não de montagem e desmontagem.

4.2.10 Programa do evento

É o tópico mais importante do *briefing*, pois direcionará as atividades para o evento. Deve-se mencionar primeiro o horário da atividade e, em seguida, a sua descrição. Também é conhecido como dinâmica do evento.

4.2.11 Eventos paralelos

Em alguns eventos maiores, é comum o organizador colocar alguns eventos menores para prender a atenção do público. Neste tópico, descreveremos esses eventos menores, considerando suas principais características, como local de realização, horário, atrações, público participante, materiais e equipamentos necessários, entre outros.

Recomenda-se elaborar uma pequena ficha técnica. Não é necessário criar outro *briefing* para esses eventos, a menos que o evento paralelo apresente muitos detalhes.

4.2.12 *Marketing* do evento

É o momento em que detalhamos todas as estratégias de divulgação criadas para o evento. Podemos mencionar aqui as ações de divulgação utilizadas, bem como canais de comunicação e também materiais desenvolvidos para o evento.

Tudo que for apresentado neste tópico deverá ser justificado pelo organizador. Por exemplo, ao apresentar o modelo de convite do evento, devemos mencionar a quantidade que será impressa ou enviada por *e-mail*, cores (recomenda-se que acompanhe as cores escolhidas para o evento), metragem, gramatura do papel em que será impresso, texto escrito, *layout* do modelo do convite etc.

O organizador deverá descrever cada material de divulgação do evento com detalhes. Cabe ao setor de *marketing* do evento a elaboração do *press kit* (material que será distribuído à imprensa com informações do evento).

Em se tratando de faixas ou *banners*, é importante mencionar onde eles ficarão posicionados, principalmente se tiverem logotipos ou logomarcas de patrocinadores e/ou apoiadores do evento (conforme regras estabelecidas no contrato de patrocínio).

Outro aspecto a ser considerado é a definição dos canais de comunicação que serão utilizados para o evento, se serão utilizados *sites* e redes sociais, *spot* em emissoras de rádio, chamadas em emissoras de televisão, jornais, revistas, enfim, como o evento será divulgado ao público.

Os custos com a divulgação do evento deverão ser contabilizados no relatório de gastos. Em geral, o *marketing* do evento apresenta, no orçamento, números expressivos, motivo pelo qual devem ser estudados e justificados com bastante atenção.

4.2.13 Recursos utilizados

Em recursos utilizados, o organizador começará a definir quais equipamentos e materiais serão necessários para o evento. Para uma melhor organização, é importante que o organizador separe os materiais e equipamentos nos setores presentes no evento e coloque-os em tabelas para uma melhor visualização. Este tópico auxilia o organizador na construção do *checklist* de materiais e equipamentos do evento futuramente.

4.2.14 Recursos humanos

Colocaremos aqui a relação de alguns colaboradores que poderão atuar no evento. Assim como em materiais e equipamentos, é importante discriminá-los separadamente entre os setores que comporão o evento. É aconselhável também a utilização de tabelas e/ou quadros para ilustrar aos clientes. Nas tabelas, podemos colocar os seguintes itens: cargo, função, quantidade de colaboradores, nome do colaborador e observações. A Tabela 4.1 ilustra esta etapa.

Tabela 4.1 - Detalhamento dos colaboradores do evento

Cargo	Função	Número de colaboradores	Nome	Observações
Mestre de cerimônias	Cerimoniar o evento; preparar e atualizar texto; organizar plenária; testar equipamentos como microfones etc.	1	João de Oliveira	Profissional terceirizado, receberá honorário conforme acordado em contrato. Estará disponível dois dias antes do evento para ensaios do texto e posicionamento de palco. Traje social.
Cerimonialista	Preparar e atualizar o texto para o mestre de cerimônias; conduzir a cerimônia conforme instruções no pré--evento. Responsável pela supervisão das recepcionistas.	1	Júlio Moraes	Profissional terceirizado, receberá honorário conforme acordado em contrato. Traje social.
R.S.V.P	Responsável pela confirmação e controle de convidados.	1	Marina Martins	Profissional terceirizado, receberá honorário conforme acordado em contrato.
Recepcionistas	Responsável pelo credenciamento do público e entrega de materiais e brindes, orientação e informações pertinentes ao evento junto ao público participante.	5	Lucas Sampaio Silvia de Souza Bruna Ribeiro Alfredo Campos Monica Kocimba	Profissional terceirizado, receberá honorário conforme acordado em contrato.

Neste item, o organizador poderá citar detalhes dos uniformes a serem utilizados pelos colaboradores no evento, regras de apresentação pessoal e mencionar horários de capacitações e orientações junto aos colaboradores.

4.2.15 Orçamento

O orçamento do evento é o item que mais se discute com o cliente. Trata-se do momento em que deveremos descrever com detalhes onde estarão todos os custos gerados com o evento, onde iremos gastar, com o que iremos gastar, onde iremos comprar e quanto iremos comprar.

Além disso, devemos esclarecer de onde provirá a receita do evento, ou seja, como e onde serão captados os valores para a sua realização.

Em ambas as situações, devemos prestar conta aos clientes, pois eles são os verdadeiros donos do dinheiro e não o organizador. Constantemente são realizadas reuniões entre os promotores do evento e os organizadores para a verificação do fluxo de caixa.

É recomendável a utilização de tabelas para melhor ilustrar ao cliente toda a situação financeira, principalmente na exposição dos custos do evento, como mostram as Tabelas 4.2 e 4.3.

Tabela 4.2 - Custos dos materiais gráficos do evento (outubro)

Itens	Descrição	Quantidade	Valor unitário (R$)	Valor total (R$)
Banners	Metragem - 2 m altura x 1,80 m largura	2	50,00	100,00
Convites	Impressos em papel fotográfico - 3 cm altura x 5 cm largura	150	4,50	675,00
Flyers	Papel couché - 15 cm altura x 10 cm largura	2.000	125,00 (mil)	250,00
TOTAL	*	*	*	1.025,00

Tabela 4.3 - Receita: patrocínio e venda de ingressos (outubro)

Recursos	Descrição	Valores (R$)
Captação de patrocínio - empresa X	Valores referentes ao investimento da empresa na adesão de 10 cotas ouro de patrocínio.	100.000,00
Venda de ingressos	Venda antecipada de 10 mil ingressos pertencentes ao lote 13.	250.000,00
TOTAL	*	350.000,00

No *briefing*, o organizador deverá projetar os valores da forma mais aproximada possível para o cliente. É imprescindível realizar uma profunda pesquisa antes de colocar os dados no *briefing*. Recomenda-se, no caso dos custos, o levantamento pelo menos em três fornecedores diferentes. Isso facilitará a decisão do cliente.

É necessário cuidado com fornecedores que apresentam valores muito abaixo do mercado. O cliente poderá ser seduzido por isso; contudo, deve certificar-se da qualidade dos serviços oferecidos por esses fornecedores. O organizador é o responsável pelo evento. Se os fornecedores oferecerem serviços de baixa qualidade, isso afetará diretamente o seu trabalho. Em muitas ocasiões, o barato realmente sai caro.

Ao final deste item, é recomendável que o organizador demonstre o resultado operacional do evento, ou seja:

Resultado operacional = receita total do evento – custos totais do evento

$$R O = R - C$$

Isso mostrará ao cliente se o evento irá gerar lucro ou prejuízo.

4.2.16 Sistema de avaliação do evento

O sistema de avaliação do evento é uma ferramenta essencial para o organizador. É por meio dele que podemos verificar a aceitação do público participante e também dos promotores em relação ao evento realizado.

Ele deverá ser aplicado na fase pós-evento; contudo, devemos idealizar modelos desse sistema para que o cliente tenha ciência da nossa ação.

Recomenda-se a formulação de opinários que deverão trazer questões sobre o que os participantes acharam do evento, se gostaram das atrações, da cenografia, do material de divulgação, se foram bem recepcionados, se gostaram do tempo de duração do evento, sugestões para uma próxima edição do evento, entre outros.

Os opinários poderão ser aplicados ao final do evento, diretamente com o público, ou posteriormente, por *e-mail*. Os dados obtidos serão tabulados e traduzidos em gráficos e integram o relatório final a ser entregue aos clientes.

4.2.17 Direitos autorais

O organizador de eventos precisará estar muito atento no que diz respeito à utilização de obras artísticas como músicas. A fiscalização é feita pelo Escritório Central de Arrecadação e Distribuição (ECAD) e tem como principal função fiscalizar a Lei do Direito Autoral. Segundo esta lei, músicas utilizadas em eventos necessitam de um pedido de autorização prévia junto ao ECAD, que arrecada e distribui os valores que correspondem aos direitos autorais dos artistas.

Cabe ao ECAD calcular o valor do direito autoral, considerando critérios e parâmetros presentes no Regulamento de Arrecadação e na tabela de preços dos órgãos reguladores. Esses valores oscilam conforme a atividade dos usuários, a forma como as músicas serão executadas (ao vivo ou por meio de gravação), as regiões socioeconômicas e a área de sonorização.

O cálculo do valor que será atribuído em cada caso é feito após contato com a unidade de representação do ECAD mais próximo.

4.2.18 Anexos

Podemos fechar o *briefing* com a organização dos anexos. Os anexos podem ser divididos por setores do evento, para uma melhor apresentação, e incluir documentos como modelos de divulgação do evento, modelos de contratos de colaboradores, patrocinadores e apoiadores, regulamento de participação do evento, textos da cerimônia do evento, modelos de fichas de inscrições do evento, opinários, fotos, *layouts*, instalações, equipamentos, entre outros.

> **Fique de olho!**
>
> É possível moldar o *briefing* de acordo com o evento, acrescentando ou mesmo retirando itens que não sejam relevantes.

A confecção do *briefing* ou projeto do evento exige do organizador muito capricho e dedicação, afinal, será por meio dele que iremos convencer o cliente.

O *briefing* corresponde à fase inicial do evento. É nesse momento que são definidos o projeto e o planejamento das atividades, o detalhamento dos custos a serem disponibilizados, os tipos de serviços a serem contratados, entre outros.

Entre as principais etapas desta fase, citam-se:

» **Contato com o promotor (cliente):** ao ser procurado por alguma empresa, instituição, pessoa física, enfim cliente, o profissional deve ser pontual e apresentar-se física e mentalmente preparado para a ocasião. A primeira impressão é a que fica.

» **Definição dos objetivos:** dar direcionamentos sobre a organização e a obtenção dos resultados esperados.

» **Orçamento disponível:** o primeiro passo são os valores a serem discutidos em cada projeto; a partir daí, têm início os ajustes de ambos os lados: cliente, dono do recurso e organizador do evento, que vai transformar o dinheiro em sucesso.

» **Definição das estratégias e apresentação do projeto do evento:** definidos os objetivos e o orçamento, deve-se partir para a escolha das estratégias a serem adotadas.

É na fase pré-evento que se forma a comissão organizadora, que poderá apresentar várias pessoas distribuídas em diversos setores do evento.

Cada evento terá um organograma de cargos ou funções diferenciado, dependendo da forma como será realizado. O importante é que cada ação esteja predefinida para que não ocorram problemas na execução.

4.3 Transevento

É o momento tão aguardado, em que tudo que foi planejado acontecerá!

A fase transevento corresponde à execução do evento. É quando tudo que foi planejado será posto à prova e o evento criará vida própria. Todos os aspectos desenvolvidos no planejamento deverão ser seguidos. Caberá ao organizador acompanhar tudo de perto e, para isso, ele pode dispor de alguns instrumentos.

O primeiro deles é o *checklist* do evento. Trata-se de um controle feito por meio de um documento no qual relacionamos todas as principais providências, materiais e tarefas para o evento.

O *checklist* deve citar pontos como materiais do evento (por exemplo, certificados, água e brindes para palestrantes); crachás para os colaboradores do evento e para o público; programação do evento para acompanhamento do público, verificar se os equipamentos da plenária foram testados, se as fichas para o mestre de cerimônias estão prontas, se os recepcionistas já estão a postos, se os formulários e etiquetas para credenciamento do público já estão nos computadores e/ou impressos.

O *checklist* é essencial na fase transevento. Com ele, o organizador e sua equipe minimizarão eventuais problemas. Ele deve apresentar itens como a ação que deverá ser executada, quem a executará, quando será executada e o *status* da ação (já foi ou não executada). É um documento que deverá ser adaptado para cada tipo de evento, trazendo ações que dependerão do tipo, porte e quantidade de atividades necessárias para a realização de cada evento.

Sua organização poderá ser feita utilizando critérios como ordem alfabética, grupos de atividades, setores do evento, entre outros, dependendo de cada organizador e de como ele se sentir mais confortável.

O *checklist* pode ser feito por divisão, como exemplificado a seguir, para uma melhor organização, de acordo com o porte do evento:

» **Arrumação:** cadeiras e mesas, quadro branco, *flip chart*, *datashow*, televisão, impressora etc.

» **Material de consumo:** caneta para *flip chart*, caneta para quadro branco e apagador, papel sulfite, blocos de rascunho, caneta esferográfica etc.

» **Decoração para café, *coffee-break* e refeição:** toalha, arranjo, guardanapo, colher ou mexedor, garrafa de café, placas de identificação, adoçante, copos, talheres, pratos etc.

» **Material do evento:** *folder*, pastas, crachás, *banner* etc.

» **Cerimonial:** discurso de abertura e encerramento, minicurrículo das autoridades, ordem de precedência, microfone testado, taça para água etc.

» **Recepcionistas:** bloco de anotação, caneta, *folder* e material sobre o evento, lista das autoridades presentes, lista dos participantes/convidados, horário das refeições, cardápio etc.

» **Reservas:** hospedagem, transporte local, passagem aérea etc.

O Quadro 4.1 mostra um exemplo de *checklist*.

Quadro 4.1 - Modelo simplificado de *checklist*

Checklist de execução de evento			
Data:			
Evento:		nº	
Período:			
Número de participantes:			
Arrumação – Consumo – Decoração – *Coffee-break*			
Atividades	**Solicitado**	**Aguardando**	**Providenciado**
ARRUMAÇÃO			
Quadro branco	X		
Flip chart	X		X
Datashow			X
Televisão			X
Impressora			X
Notebook	X		
Microfones		X	
Aparelho de som			X
Blue-ray	X		

Atividades	Solicitado	Aguardando	Providenciado
ARRUMAÇÃO			
Mesas		X	
Cadeiras	X		
Tela de projeção		X	
CONSUMO			
Canetas esferográficas			X
Papel para *flip chart*		X	
Papel para impressão			X
Pen-drives			X
Bloco de rascunho			X
Pastas para recepção	X		
DECORAÇÃO			
Arranjo de flores	X		
Toalha para mesa central		X	
Banner para púlpito			X
Tecido Lycra branco	X		
Tecido Lycra azul	X		
Toalha para recepção		X	
Banner para recepção	X		
COFFEE-BREAK			
Toalha branca			X
Xícaras brancas		X	
Garrafa para café	X		
Copos para suco			X
Jarras para suco			X
Guardanapos	X		
Travessas	X		
Prismas de identificação das bebidas		X	
Talheres			X
Pratos		X	
Mesas para a montagem do café	X		
Mesas de apoio	X		
Garrafa para água quente			X

As Fases de um Evento

É importante salientar que a fase transevento trará muitos desafios para o organizador. Este, por sua vez, deverá ter bom senso e equilíbrio para lidar com as situações adversas, mantendo sempre a calma e não transmitindo pânico à sua equipe e ao público participante.

> **Fique de olho!**
>
> O organizador do evento será o responsável por tudo que acontecerá na fase transevento. Para assegurar o sucesso do evento, é necessário conhecê-lo bem.
>
> Um bom planejamento realizado para o evento pode assegurar uma fase transevento mais tranquila. Verifique antecipadamente o mapa de risco do seu evento.

4.4 Pós-evento

O evento não acaba quando termina! Sim, temos muitas vezes a ideia de que nosso compromisso com o evento que estamos realizando só se estende até o momento em que ele é executado. Este é um erro gravíssimo, que pode comprometer todo o bom trabalho realizado nas outras fases do evento.

É preciso entender que a fase pós-evento também exige um planejamento. É o momento em que, de fato, prestaremos conta de todas as ações desenvolvidas no evento, quais foram os impactos dessas ações, fechamento orçamentário, agradecimentos ao público frequentador do evento, colaboradores, fornecedores, patrocinadores e apoiadores, enfim, todos aqueles que participaram e contribuíram efetivamente para a realização do evento.

Além disso, faz parte da fase pós-evento a organização de um relatório que deverá ser entregue ao cliente pelo organizador do evento.

Segue-se a descrição das ações da fase pós-evento.

4.4.1 Desmontagem e limpeza

A fase de desmontagem de estrutura física do evento é muito delicada e deverá seguir um cronograma estipulado para que não se perca tempo. É interessante lembrar que, para a desmontagem, a equipe deverá estar atenta quanto ao modo como serão removidas todas as estruturas sem causar prejuízo ao local. No caso de feiras e outros eventos, o organizador poderá ser penalizado com multas se não entregar o espaço no período estipulado e também se danificar a estrutura do local onde o evento foi realizado.

O organizador deve entregar o espaço em que realizou o evento do mesmo jeito que o encontrou antes do evento.

4.4.2 Devolução de materiais

Ao final do evento, podemos encontrar o que chamamos de "sobra do evento". São materiais, parte da cenografia, equipamentos, entre outros.

Toda essa "sobra" deverá ter um destino que não seja ficar jogada no local. No caso de materiais emprestados, é imprescindível sua identificação e a devolução deverá ser imediata ou, no máximo, até três dias após a realização do evento. É importante que esse material seja devolvido com um *e-mail* ou carta de agradecimento.

4.4.3 Relatório pós-evento

O relatório pós-evento, conforme mencionado anteriormente, é o documento que conterá a prestação de contas junto ao cliente. Nesse relatório, devemos colocar toda a movimentação financeira do evento, com o fluxo completo do caixa, entradas de cotas de patrocinadores, receita gerada, custos gerados e resultado operacional efetivo.

Tudo isso deverá ter uma justificativa para que o cliente possa enxergar exatamente como se deu a movimentação financeira do evento.

Serão acrescidos também os resultados obtidos no evento. Aqui, entrarão dados como número efetivo de público participante, quantidade de patrocinadores e/apoiadores do evento, expectativas atingidas (positivas e negativas), entre outros.

Colocamos nessa parte do relatório os gráficos que obtivemos com o resultado da aplicação do opinário junto ao público frequentador. É um momento muito importante, pois refletirá a opinião do público em relação ao evento realizado.

4.4.4 Agradecimentos

Devemos, por meio de *e-mails*, prestar agradecimentos aos participantes do evento (público frequentador, convidados VIP, palestrantes, colaboradores, fornecedores e patrocinadores e/ou apoiadores).

Este é o momento de reafirmar as parcerias que foram criadas com o evento. No caso dos colaboradores, é interessante realizar um pequeno evento para prestigiá-los e informar sobre a importância do comprometimento e dedicação que tiveram para o sucesso do evento.

4.4.5 *Press-release*

O envio do *press-release*, um resumo do evento para a imprensa, é muito importante e faz com que instiguemos a atenção deles para uma futura edição do evento.

Os *press-releases* sobre eventos devem antecipar todos os dados relativos, além de facilitar o acesso dos profissionais de imprensa (caso exijam credenciamento prévio, por exemplo).

Vamos recapitular?

Vimos como as fases de um evento são importantes, principalmente por exigirem um planejamento bem detalhado que refletirá diretamente em seu sucesso.

O compromisso e a dedicação de todos os envolvidos na concepção e viabilização de um evento são fundamentais.

A fase pré-evento é considerada a mais extensa, exigindo maior tempo de planejamento e organização. É a fase na qual trabalharemos um dos itens mais delicados do evento: o orçamento, que deverá estar organizado para uma maior compreensão do cliente.

A fase transevento é onde, de fato, tudo que foi planejado acontecerá. É o momento no qual refletirão todas as estratégias desenvolvidas. O organizador poderá enfrentar algumas surpresas nesta fase e precisará contorná-las.

Por fim, vimos a fase pós-evento, que envolve uma série de atividades, mesmo depois do término do evento.

Agora é com você!

1) Com base no que foi visto neste capítulo, elabore um projeto fictício para um evento.

2) Com os dados criados no exercício anterior, elabore uma apresentação para "comercializar" o projeto do seu evento. Não se esqueça de organizar a apresentação conforme os principais itens apresentados no projeto desenvolvido.

3) Elabore um *press-release* do evento criado anteriormente. Utilize as características apresentadas no capítulo para criar um documento chamativo e que desperte interesse pelo seu evento.

4) A frase "O evento não acaba quando ele termina!" denota a importância da continuidade do compromisso do organizador com o cliente. Justifique essa frase, baseando-se na fase pós-evento.

5

Local, Espaço e Data para Realização de um Evento

Para começar

Neste capítulo, aprenderemos como definir a escolha de um local para eventos. Analisaremos como identificar e organizar os espaços para que eles sejam aproveitados ao máximo, sempre visando à melhor disposição das salas para alguns tipos de eventos. Perceberemos que a escolha da data para realização de um evento depende de uma série de fatores, dentre os quais o conhecimento do calendário anual brasileiro.

5.1 Local para realização de eventos

Para estabelecer a escolha do local onde será realizado um evento, é importante ter em mente vários aspectos que influenciarão essa escolha. Não basta escolher; é necessário verificar, além da disponibilidade do espaço, quais condições esse espaço oferece.

O organizador, nesse momento, poderá desenvolver um relatório prévio sobre o local onde pretende realizar o evento e até mesmo consultar o cliente a respeito.

Para compreendermos melhor como devemos trabalhar, seguem os principais tópicos ao analisarmos um local.

5.1.1 Condições geográficas do local

A posição geográfica do local facilitará no momento de traçarmos quais são as melhores vias de acesso tanto para o público quanto para os materiais e equipamentos para o evento.

5.1.2 Condições climáticas

O estudo climático é extremamente importante quando realizamos um evento, principalmente em se tratando de eventos em áreas abertas, o que obriga o organizador a criar alternativas em caso de chuva. No caso de eventos em áreas fechadas, algumas providências deverão ser tomadas para melhor andamento do evento; por exemplo, a adição de locais para guarda-chuvas na portaria do evento.

5.1.3 Histórico do local

Devemos estudar qual o histórico do local, assim como a sua reputação. Um local que é mal visado poderá motivar o não comparecimento dos convidados por constrangimento ou mesmo falta de segurança.

5.1.4 Tema e local do evento

O local deve combinar com o tema que será desenvolvido para o evento. Não adianta escolher um local que não tem identificação com o evento, como um pequeno concerto de *rock* na Câmera Brasileira do Livro.

5.1.5 Facilidade de acesso

O organizador deverá criar um mapa com as principais vias de acesso e deixar essas informações disponíveis em *sites*, redes sociais e alguns materiais de divulgação do evento.

5.1.6 Meios de transporte

Exige-se um plano de ação logístico para que público e fornecedores utilizem alguns meios de transporte. É importante que o organizador verifique quais meios de transporte públicos levam ao local do evento. No caso de algumas feiras, o organizador contrata empresas de transporte coletivo para o período de realização do evento. O propósito disso é levar o público até a entrada do evento. Muitas vezes, esses transportes estão localizados em estações de metrô, paradas de ônibus municipais ou pontos estratégicos, o que facilita muito a ida até o local. No caso da utilização de automóveis, o organizador deverá contratar estacionamentos próximos ao local ou mesmo verificar se o local oferece esse serviço.

5.1.7 Boa imagem do local

O local onde será realizado o evento deve ter uma boa imagem. Isso é fundamental para que os convidados do evento não se sintam constrangidos ou desconfortáveis ao frequentarem o local. Podemos considerar um local com uma boa imagem aquele que tem boa pintura, tanto interna quanto externa, faixada limpa, iluminação e entorno seguro e adequado.

5.1.8 Equipamentos e infraestrutura turísticos

A proximidade de restaurantes, hotéis, aeroportos, rodoviárias, portos, faz do local uma possibilidade interessante de escolha.

5.1.9 Disponibilidade

Este é um tópico bastante importante para a definição do local onde realizaremos nossos eventos. Quanto mais cedo verificarmos a disponibilidade do local, mais chances teremos de realizar o evento nele. Caso seja necessário reservá-lo para mais dias, é fundamental que o local esteja disponível no período determinado para realizar o evento, incluindo reservas para ensaios, montagem e desmontagem do evento.

5.1.10 Acessos

É importante que o local onde o evento será realizado garanta acesso para o público, equipamentos, artistas, convidados VIP, portadores de necessidades especiais, entre outros. O organizador do evento deve verificar todas essas disponibilidades de acessibilidade.

5.1.11 Áreas para alimentação

As áreas para alimentação são fundamentais para alguns tipos de eventos. É recomendável que se verifique qual a capacidade da área de alimentação, que tipos de restaurantes e lanchonetes existem e quais condições de uso elas oferecem.

5.1.12 Documentação

O local deverá estar em dia no que diz respeito à documentação que autoriza seu uso para a realização de eventos. O organizador deverá ficar atento a isso e solicitar a documentação de imediato, antes do fechamento de qualquer proposta. Os documentos mais importantes são alvará de funcionamento e auto de vistoria do Corpo de Bombeiros.

Amplie seus conhecimentos

Um dos documentos mais importantes do que diz respeito à realização de eventos é o alvará de autorização para eventos temporários. A prefeitura de São Paulo, por exemplo, exige algumas condições para a emissão do alvará de autorização para eventos temporários.

Neste documento está previsto conforme o Artigo 5 do Decreto nº 49.969/08 e Seção 3.5 da Lei nº 11.228/92 a realização de eventos públicos e temporários com mais de 250 pessoas que ocorram nas condições abaixo descritas, deverão requerer o Alvará de Autorização. Exemplos: imóveis públicos ou privados; edificações ou suas áreas externas ainda que descobertas e abertas tais como jardins, áreas de lazer e recreação, pátios de estacionamento, áreas externas em clubes de campo, áreas para a pratica de atividades físicas, esportivas e similares, terrenos vagos, não edificados - logradouros públicos, tais como ruas, praças viadutos e parques.

Conforme Decreto nº 48.379/07, os promotores dos eventos que se realizarão em locais conforme os enquadramentos abaixo discriminados deverão requerer seus alvarás no Setor de Protocolo da SEHAB, sito a Rua São Bento, 405 - 8º andar - Centro (Edifício Martinelli).

> **Amplie seus conhecimentos**
>
> Locais cobertos e fechados com lotação superior a 500 pessoas, locais cobertos e abertos, ou descobertos e fechados com lotação superior a 5.000 pessoas, locais descobertos e abertos com lotação maior que 50.000 pessoas.
>
> Para saber mais informações sobre as condições referentes à autorização para eventos temporários na cidade de São Paulo, visite os *sites*: <http://www.prefeitura.sp.gov.br/cidade/secretarias/upload/alvara_evento_temporario_1254232807.pdf> e <http://www3.prefeitura.sp.gov.br/cadlem/secretarias/negocios_juridicos/cadlem/integra.asp?alt=29082008D%20499690000>. Acesso em: 22 dez. 2013.
>
> Caso o evento aconteça em outro município, é importante consultar a prefeitura para verificar os procedimentos necessários para a sua realização.

5.1.13 Custo

O custo para a locação do local deverá ser compatível com o orçamento previsto para o evento. Não adianta exagerar nos custos com a locação do espaço; corre-se o risco de o orçamento ser rejeitado pelo cliente. É importante verificar mais de uma possibilidade, de preferência três opções.

5.1.14 Número de salas

Ao estudar o *layout* do local, o organizador definirá a quantidade de salas que será suficiente para a realização de seu evento. A quantidade de salas estará atrelada ao número de pessoas que participarão do evento. É preciso analisar as condições para uso e, eventualmente, criação de espaços como sala VIP, sala de imprensa, guarda-volumes, camarins, salas de apoio, salas de armazenamento de equipamentos, salas para procedimentos médicos e ambulatoriais, entre outros.

Figura 5.1 - Localizado na zona sul da cidade de São Paulo, próximo à estação Jabaquara do metrô, com fácil acesso pela Rodovia dos Imigrantes, o Centro de Exposições Imigrantes apresenta todas as características necessárias para um centro de exposições, com amplo espaço, bom entorno e facilidade de acessibilidade, além de estar próximo ao aeroporto de Congonhas.

5.2 Espaço para eventos

Para analisar o espaço no qual o evento acontecerá, é fundamental um levantamento de aspectos pertinentes como quantidade de banheiros, quantidade de bebedouros, mobiliários, idealização da decoração necessária, sinalização para o público, energia elétrica (quantidade de pontos de energia e geradores disponibilizados), sistemas de comunicação como rede de telefonia e *wireless*, sistema de refrigeração e saídas de emergência.

Os espaços devem apresentar móveis e acessórios dispostos de maneira harmoniosa e sempre limpos, com arrumação impecável.

A configuração do espaço deverá incluir as linhas de visão para o público e a configuração dos assentos, como analisaremos a seguir. Muitas vezes, o organizador de eventos deverá modificar a configuração dos espaços para melhor atender as necessidades do evento.

Um bom exemplo são espaços para reuniões, cuja disponibilidade poderá ser feita conforme o número de participantes e também de acordo com o tipo de evento a ser realizado. Para isso, o organizador poderá disponibilizar os espaços das formas descritas a seguir.

5.2.1 Espinha de peixe

Neste formato, o organizador poderá utilizar mesas e cadeiras colocadas em fileiras, considerando um corredor central. Devem-se posicionar as mesas e cadeiras em um ângulo que permita a visão do público, mesmo os que estão sentados no fundo da sala. Usa-se bastante este tipo de montagem de sala em palestras, dinâmicas de grupos e treinamentos empresariais.

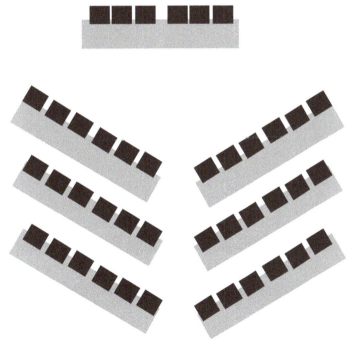

Figura 5.2 - Espinha de peixe: o *layout* mostra a sala considerando uma mesa e um corredor central. Pode-se observar o ângulo criado nessa disposição para facilitar a participação de todos os convidados no evento.

5.2.2 Formato em U

O formato em U das salas permite um posicionamento mais informal, ideal para grupos menores de participantes. Este *layout* de espaço incentiva uma melhor discussão e/ou debates de situações, pois permite que todos tenham uma visão generalizada da sala, além de facilitar a movimentação de um possível moderador do evento, pois existem mais espaços livres. Este formato de sala é bem-vindo em eventos como treinamentos e reuniões. Além de mesas e cadeiras, permite também a disposição apenas de cadeiras, sendo ainda mais informal e colocando assim os participantes mais próximos entre si.

Figura 5.3 - O formato em U é considerado um formato mais flexível e informal, podendo ser adaptado conforme a dinâmica desenvolvida no próprio evento. Possibilita também maior interatividade do moderador do evento caso haja necessidade de apresentar espaços mais livres.

5.2.3 Formato auditório

O formato auditório é utilizado quando temos a participação de grupos maiores e também é utilizado em sessões plenárias. Nesse formato, a dificuldade de se manejar materiais para notas é grande; portanto, deve-se considerar o uso de materiais específicos, como pastas mais duras, que poderão ser entregues ao público na entrada do auditório. O organizador deve se atentar para a presença, além do auditório, de outras salas, como camarins, salas de apoio, copa, salas de projeção, entre outras.

Além disso, a acústica do auditório deverá ser muito boa, e é imprescindível a verificação de pontos de instalações para equipamentos como *datashows*, mesas de som, iluminação, entre outros.

O formato auditório é ideal para congressos, painéis, seminários, palestras, apresentações teatrais, espetáculos de música e dança, entre outros.

Figura 5.4 - O formato auditório é considerado ideal quando pensamos em eventos para um público grande. Seu formato não apresentará mesas grandes ao público; a maioria apresenta apenas poltronas ou cadeiras. O ponto central no formato auditório pode ser um palco e/ou uma mesa diretiva.

Figura 5.5 - Auditório: pode-se perceber a composição da mesa diretiva central e a plateia acomodada nas poltronas do auditório. O exemplo refere-se a uma sessão solene.

5.2.4 Formato banquete

O organizador poderá utilizar o formato banquete quando trabalhar em eventos como reuniões ou, mais comumente, ocasiões de refeições como jantares e almoços. Utilizam-se os dois lados da mesa, ocupando-os com os convidados. Para ilustrar a solicitação de espaços para banquetes, costumamos visualizar a Figura 5.6. Apesar de o símbolo demonstrar a utilização de mesas redondas, podemos ter banquetes com mesas quadradas, dependendo do aproveitamento e da disponibilidade do espaço.

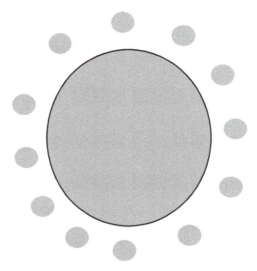

Figura 5.6 - *Layout* do espaço para banquete: apesar de trazer, em algumas ocasiões, o símbolo que demonstra a utilização de mesas redondas, um banquete pode ser organizado com outros formatos de mesas.

Figura 5.7 - Banquete: pode-se perceber que se trata de um evento para muitos convidados. Nota-se a utilização de mesas redondas e os convidados posicionados um de frente para o outro.

5.2.5 Formato em T

No formato em T, podemos encontrar um *layout* onde a mesa apresentará sua cabeceira na posição central acima, conforme demonstrado na Figura 5.8. Este formato é ideal para audiências e reuniões.

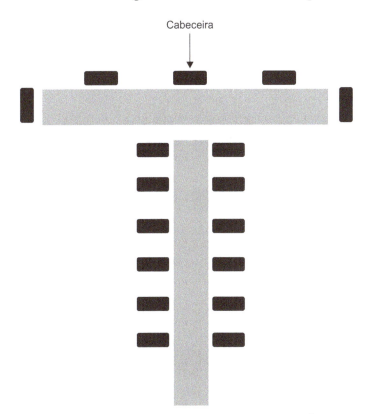

Figura 5.8 - O formato em T é ideal para audiências. Nessa situação, as partes interessadas ficam dispostas uma de frente para a outra. Na parte de cima, os personagens centrais ocupam a cabeceira da mesa.

Local, Espaço e Data para Realização de um Evento

5.2.6 Formato escola

Talvez o formato mais comum quando desenhamos um *layout* de um espaço, o formato escola apresenta várias mesas e cadeiras enfileiradas em corredores, tendo sua precedência em razão da mesa de cabeceira.

Figura 5.9 - Considerado um dos formatos mais comuns, no formato escola as mesas e cadeiras ficam enfileiradas, colocando os participantes posicionados um atrás do outro e um ao lado do outro. Sua cabeceira é definida pela mesa central acima.

5.2.7 Formato em I

As salas em formato em I são ideais para reuniões com pequeno grupo de pessoas. Poderão trazer no seu *layout* uma ou até duas cabeceiras centralizadas na mesa, sem serem as extremidades, ou ainda apresentar uma ou até duas cabeceiras nas extremidades da mesa.

> **Lembre-se**
>
> Ao organizar um espaço para um evento, devemos levar em consideração o número de participantes, a finalidade do evento e a disponibilidade do espaço. Feito isso, o organizador idealiza o espaço utilizando-se para isso das possibilidades de disposição de móveis como mesas e cadeiras.

Figura 5.10 - O formato em I, para pequenos eventos como reuniões, poderá trazer uma variação no posicionamento da cabeceira da mesa.

Figura 5.11 - Uso do espaço para uma reunião no formato em I. Observa-se, neste exemplo, que os participantes se posicionam um de frente para o outro e a cabeceira está na extremidade da mesa acima.

5.3 Definição da data para um evento

A definição da data de realização do evento deverá ser feita sempre em conjunto com o cliente. Contudo, nem sempre a data imaginada é a data ideal. Para isso, devemos considerar alguns aspectos antes de escolhermos a data em que será realizado nosso evento.

Para a escolha da data, o organizador precisa checar a agenda de eventos da sua cidade com bastante antecedência. É importante que não coincida com nenhum evento similar ao seu, pois isso poderá acarretar em uma divisão de público, tanto externo quanto interno.

Outro aspecto a ser considerado é o fato de o evento ser agendado perto ou mesmo em feriados. Isso pode trazer diversos aborrecimentos. Portanto, é importante consultar a agenda para estudar uma data melhor.

Alguns eventos poderão tirar proveito de alguns dias da semana, feriados prolongados e finais de semana, para "segurar" o público no local e assim movimentar a economia por meio do aumento da prestação de serviços e consequente aumento da arrecadação em hotéis, restaurantes, entretenimento, entre outros serviços.

5.3.1 Calendário brasileiro de datas comemorativas

O conhecimento do calendário anual brasileiro de datas comemorativas poderá auxiliar o organizador de eventos quanto à não coincidência de datas, assim como a criação de novos eventos conforme a ocasião apresentada.

Amplie seus conhecimentos

A consulta do calendário de datas comemorativas pelo organizador de eventos é muito importante. Ela deve ser feita sempre que houver um evento a ser organizado, uma vez que novos eventos homenageando alguns profissionais e mesmo acontecimentos podem ser idealizados a partir da consulta do calendário de datas comemorativas.

Para conhecer as datas comemorativas, visite o *site*: <http://www.datascomemorativas.me/2014/7>. Acesso em: 06 jan. 2014.

5.3.2 Jubileus e bodas

Além do calendário de datas comemorativas, é essencial para todo organizador de eventos o conhecimento de datas que marcam jubileus e bodas. Muitas vezes, o organizador se vê organizando eventos que celebram tais ocasiões, sendo inclusive importante o reconhecimento dessas comemorações, uma vez que trazem características distintas. "Todo organizador de eventos tem de conhecer as datas de jubileus e bodas, pois cada um desses momentos requer comemorações com características próprias" (CESCA, 2008, p. 134).

De acordo ainda com Cesca (2008), as comemorações de bodas podem ser consideradas como mostra o Quadro 5.1.

Quadro 5.1 - Principais bodas

Ano	Bodas	Ano	Bodas
1	Bodas de papel	40	Bodas de esmeralda
5	Bodas de madeira	45	Rodas de rubi
10	Bodas de estanho	50	Bodas de ouro
15	Bodas de cristal	55	Bodas de ametista
20	Bodas de porcelana	60	Bodas de diamante
25	Bodas de prata	65	Bodas de safira
30	Bodas de pérola	70	Bodas de vinho
35	Bodas de coral	75	Bodas de brilhante

Amplie seus conhecimentos

No Quadro 5.1 apresentamos somente as bodas principais. Acesse o *site*: <http://www.portaldafamilia.org/datas/bodas/bodas.shtml> e conheça todas elas. Acesso em: 13 jan. 2014.

É importante que o organizador de eventos saiba a distinção entre os termos bodas e jubileu, principalmente para não aplicá-los de forma incorreta no momento de planejar um evento.

Quando organizamos uma boda, estamos trabalhando essencialmente celebrações de renovação de votos. Seria como uma reafirmação das promessas que foram feitas anteriormente. O termo é ideal para ser aplicado em eventos como celebração de casamentos, festas comemorativas, banquetes, entre outros.

Um bom exemplo da utilização do termo é quando temos a celebração das bodas de ouro do Sr. e Sra. Fulanos de Tal (as bodas de ouro no título do evento indicam que o casal comemorará 50 anos de união, reafirmando assim seus votos).

Já o termo jubileu refere-se à comemoração do aniversário de uma organização, instituição ou empresa. Esse termo é ideal para ser aplicado em eventos que celebrem os anos de fundação de instituições.

Fique de olho!

Podemos utilizar a mesma nomenclatura de identificação para os jubileus; basta trocar o termo bodas pelo termo jubileu. Por exemplo, o Jubileu de 25 anos da empresa X ficaria Comemoração do Jubileu de Prata da Empresa X.

Local, Espaço e Data para Realização de um Evento

Vamos recapitular?

Aprendemos neste capítulo que a tarefa de definir o local, o espaço e a data para a realização de um evento requer muita pesquisa e muito cuidado. Podemos identificar a necessidade de pontos essenciais que possibilitam uma boa escolha no momento em que formos procurar um local para nosso evento, como cuidados com infraestrutura, condições físicas e de acessibilidade do local, segurança para o público.

A organização do espaço para um evento poderá depender do número de participantes do evento e da sua temática. As modificações necessárias das salas, por exemplo, deverão ser feitas de acordo com esses aspectos.

Observamos, por fim, que a data da realização do evento deve ser definida em conjunto com o cliente. Contudo, é fundamental que o organizador conheça o calendário de comemorações e também datas marcantes como celebrações de bodas e jubileus. Assim, ele poderá desenvolver seu trabalho melhor e sem riscos.

Agora é com você!

1) Faça um levantamento de pelo menos três locais para eventos na sua cidade. Faça uma ficha técnica desses locais, com nome, endereço, responsáveis, contatos, planta do local, análise do entorno e disponibilidade de equipamentos e salas, vias de acesso e fotos. Escolha um para você realizar seu evento. Justifique sua escolha.

2) Consulte a agenda anual de eventos realizados na sua cidade. Informe quais são os mais significativos economicamente para a sua região.

3) Foi solicitado a você que organize uma sala para uma reunião empresarial onde os participantes vão discutir e interagir sobre os novos produtos lançados. Foi informado a você que o número de participantes ficará em torno de 20 pessoas e que haverá a presença de um moderador que fará a intermediação do evento. Identifique qual a melhor disposição espacial que você poderá adotar para a sala, justificando a sua escolha. Aproveite para apresentar o *layout* da sala ao seu cliente.

4) Você foi chamado para organizar o aniversário de 65 anos de uma famosa empresa do ramo de cosméticos. Elabore um título para o evento escolhendo o termo entre bodas ou jubileu. Justifique sua escolha.

Ferramentas de Auxílio na Organização de um Evento: Cronograma e Fluxograma

Para começar

Este capítulo mostrará como o cronograma e o fluxograma podem auxiliar e facilitar o trabalho de um organizador de evento. Planejar e organizar o cronograma e o fluxograma é o que veremos a seguir.

Cada organizador de eventos pode planejar, mais conscientemente, cada etapa da preparação, a partir de procedimentos visualizados por meio de símbolos, diagramas de blocos e fluxogramas. Isso torna mais fácil controlar e decidir sobre ações, empreendimentos e negociações necessárias. Já os organogramas mostram como estão dispostas as unidades funcionais, a hierarquia e as relações de comunicação existentes entre estes.

6.1 Fluxograma

Fluxograma pode ser entendido como uma representação, por meio de esquema, demonstrando a sequência operacional do desenvolvimento de um processo, o qual caracteriza o trabalho que está sendo realizado, o tempo necessário para sua realização, a distância percorrida pelos documentos, quem está realizando o trabalho e como ele flui entre os participantes deste processo.

O termo fluxograma designa uma representação gráfica de um determinado processo ou fluxo de trabalho, efetuado geralmente com recurso de figuras geométricas unidas por setas. Por meio dessa representação gráfica é possível compreender, de forma rápida e fácil, a transição de informações entre os elementos que participam do processo.

A existência de fluxogramas para cada um dos processos permite a compreensão e posterior otimização dos processos desenvolvidos em cada departamento ou área da organização. Os símbolos do fluxograma proporcionam melhor visualização do funcionamento do processo, ajudando no seu entendimento. No gerenciamento de processos, o fluxograma tem como objetivo garantir a qualidade e aumentar a produtividade, por meio da documentação do fluxo das atividades, utilizando diversos símbolos diferentes para identificar os diferentes tipos de atividades.

A aplicação do fluxograma auxilia na compreensão do processo de trabalho, exemplifica os passos para a sua realização e cria um padrão de trabalho; é uma ferramenta bastante útil, permitindo ao organizador verificar exatamente o andamento das etapas e/ou processos pertinentes à produção do evento.

> [...] é possível ao organizador de eventos planejar, mais conscientemente, cada etapa da preparação, a partir de procedimentos visualizados por meio de símbolos, diagramas de blocos e fluxogramas, tornando mais fácil controlar e decidir sobre ações, empreendimentos e negociações diversas necessárias [...]. (ZITTA, 2009, p. 177)

Fique de olho!

O uso correto do fluxograma pelo organizador de eventos poderá resultar na minimização de possíveis erros. Trata-se de uma ferramenta poderosa para se conquistar o sucesso desejado ao organizar um evento.

6.1.1 Símbolos do fluxograma

Um fluxograma permite a visualização dos momentos de decisão, identificação de entrada e saída de dados, assim como seu fluxo operacional e todas as suas operações. O fluxograma permite, ainda, descrever toda a sequência de etapas de um processo. Os símbolos utilizados no fluxograma estão ilustrados na Figura 6.1.

Início/Fim: marca o início ou o fim de um programa

Banco de dados: informações armazenadas de maneira estruturada permitindo inserção, edição e consulta

Conector: para ligar diferentes partes de um diagrama

Decisão: indica desvios na sequência lógica de execução do programa

Processamento: qualquer operação com alteração no conteúdo de uma variável

Operação manual: indica uma operação ou ajuste no processo que só pode ser feita manualmente

Abertura ou fechamento de arquivos

Sub-rotina: execução de uma rotina predefinida

Entrada/Saída: entrada ou saída de dados

Espera: tempo de espera na execução de um programa

Linhas de fluxo: indica a sequência das etapas e a direção do fluxo

Fonte: Adaptado de. ALMEIDA, 2012.

Figura 6.1 - Símbolos utilizados na montagem de um fluxograma.

6.1.2 Tipos de fluxogramas

6.1.2.1 Diagrama de blocos

O diagrama de blocos ou fluxograma linear é uma espécie de diagrama simples, composto apenas de blocos, e não envolve tomada de decisões. Muito utilizado em indicação de instrução de trabalhos e processos simples.

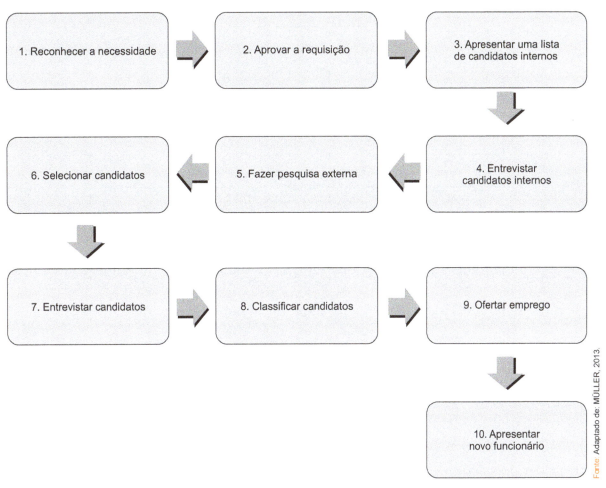

Figura 6.2 - Representação de um fluxograma de processo linear. Esse processo é mais simples e permite uma visualização sequencial das ações. Exemplo de diagrama de blocos para contratação de funcionários.

6.1.2.2 Fluxograma de processo simples

Geralmente comparado a um diagrama de blocos acrescido de um operador de decisão, propício a indicar uma sequência de funcionamento em processos simples, porém depende de uma condição para tomada de decisão ou para executar um tipo de tarefa. A Figura 6.3 representa um fluxograma de processo simples.

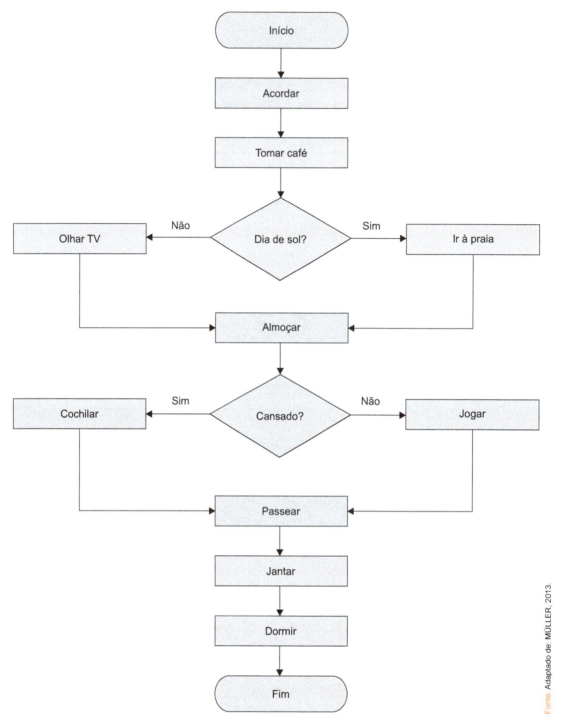

Figura 6.3 - Exemplo de fluxograma para um dia de domingo. Neste modelo podemos visualizar os blocos que representam tomadas de decisão.

6.1.3 Fluxograma em eventos

Sempre que utilizar o fluxograma como ferramenta de auxílio na organização de um evento, ele deverá ser aplicado independentemente do porte do evento. É costume pensar que, quanto menor o evento, pode-se ter tudo na cabeça ou em simples anotações, mas detalhes são e sempre serão importantes. É extremamente importante agregar ao fluxograma a informação de quem é o responsável em cada etapa, fase, função no evento.

A Figura 6.4 ilustra um modelo de fluxograma de planejamento.

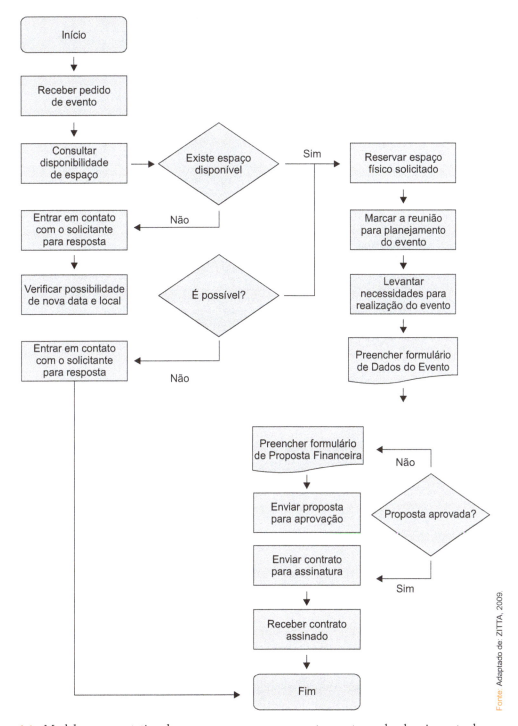

Figura 6.4 - Modelo representativo de um organograma que mostra as etapas do planejamento de um evento.

A Figura 6.5 permite visualizar outro exemplo de fluxograma. Desta vez, o modelo apresenta os caminhos percorridos para a contratação de recursos humanos para um evento.

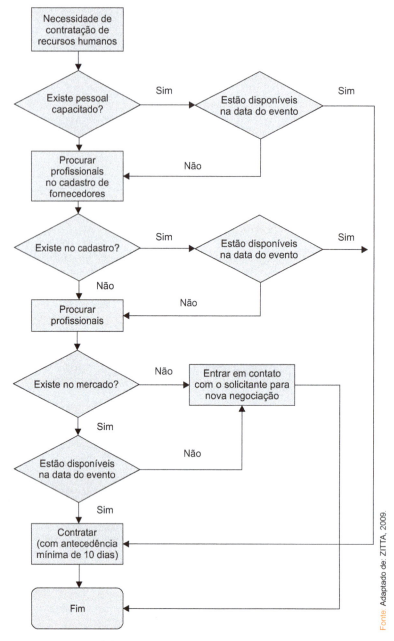

Figura 6.5 - Modelo representativo de um organograma que mostra as etapas de uma contratação de recursos humanos para um evento.

6.2 Cronograma para eventos

O cronograma de um evento é a ferramenta que possibilitará a distribuição ordenada das atividades e providências em um determinado espaço de tempo, com datas previstas para início e término de cada tarefa.

O cronograma estabelece também quem são os responsáveis pelas ações no evento e pelo acompanhamento e avaliação constantes das atividades, evitando erros durante o processo.

À medida que as atividades forem realizadas, é importante modificar o status, confirmando assim a sua execução.

O Quadro 6.1 ilustra um exemplo de cronograma.

Quadro 6.1 - Modelo básico de um cronograma geral de um evento

DADOS DO EVENTO			
Nome do evento:			
Data da realização:			
Local:			
Coordenador geral:			
Setor do evento:			
Responsável pelo setor::		Equipe:	
ATIVIDADES	**RESPONSÁVEL(IS)**	**DATA**	*STATUS*
Definição do tema do evento	Fulano A Fulano B	05.04	OK
Definição da data do evento	Fulano A Fulano B	05.04	OK
Definição da equipe de coordenação do evento	Fulano C	10.04	Pendente
Agendamento do local para realização do evento	Fulano C	20.05	Pendente
Estudo da viabilização prévia financeira	Fulano A Fulano B	21.05	Pendente
Definição da comunicação visual do evento	Fulano A Fulano B Fulano D	22.05	OK
Estratégia de divulgação e promoção	Fulano D Fulano E	30.05	OK
Preparação de material gráfico (*folder*, cartaz etc.)	Fulano D	05.06	Pendente
Definição de patrocinadores e/ou apoiadores do evento	Fulano A Fulano B Fulano D	07.06	Pendente
Definição dos setores para o evento	Fulano A Fulano B Fulano E	10.06	OK
Definição dos colaboradores necessários para o evento	Fulano A Fulano B Fulano E	10.06	OK
Contratação dos colaboradores para o evento	Fulano A Fulano B Fulano E	20.06	Pendente
Definição do programa do evento	Fulano A Fulano B	30.06	OK

Agenda de abertura do evento	Fulano A	02.07	OK
	Fulano B		
Elaboração do *checklist* de materiais para o evento	Fulano A	05.07	Pendente
	Fulano B		
	Fulano C		
	Fulano D		
	Fulano E		
Definição dos palestrantes	Fulano A	06.07	Pendente
	Fulano B		
Definição dos brindes	Fulano D	10.07	Pendente
	Fulano E		

Conforme as atividades forem executadas, o *status* deverá ser alterado para que fiquem claras as etapas que já foram cumpridas.

Lembre-se

Ao finalizar uma tarefa do cronograma, devemos sempre modificar o status para não nos perdermos entre as atividades que já foram realizadas e as que ainda não foram. Para a eficácia desse processo, é essencial que o organizador tenha instalados em seu computador *softwares* que possam auxiliá-lo nesse controle.

O acompanhamento diário do cronograma é uma atividade prioritária do organizador de eventos.

Vamos recapitular?

Neste capítulo, vimos que o fluxograma é um diagrama utilizado para representar a sequência dos processos por meio de símbolos gráficos. Os símbolos do fluxograma proporcionam uma melhor visualização do funcionamento do processo, ajudando no seu entendimento. Por esse motivo, independentemente do porte do evento, a necessidade do fluxograma é real, pois não podemos confiar na memória ou em anotações. Detalhes têm extrema importância para o sucesso do evento.

Pudemos reconhecer também neste capítulo a importância do uso do cronograma. Trata-se de uma ferramenta extremamente importante que orienta o organizador durante a produção do evento.

Agora é com você!

1) Descreva o que é um fluxograma e qual a sua importância para o planejamento e a organização de um evento.

2) Com base no modelo de fluxograma de organização de recursos humanos, elabore um fluxograma de organização de equipamentos de informática.

3) Qual a importância da existência de um cronograma na elaboração de um evento?

4) Elabore um modelo de cronograma para um evento de médio porte. Você poderá dividir seu cronograma com base nas atividades do evento.

Procedimentos em Eventos

7

Para começar

Este capítulo aborda cerimonial, protocolo e etiqueta, e traz exemplos de procedimento em alguns tipos de eventos festivos, com o objetivo de auxiliar na organização de uma cerimônia.

7.1 Conceitos e definições

7.1.1 Cerimonial

Cerimonial é uma palavra que ouvimos ou lemos com frequência atualmente, porém poucos sabem seu verdadeiro significado e principalmente conhecem a atividade profissional derivada dessa palavra. O cerimonial é utilizado em conjunto com o protocolo e a etiqueta, pois, de forma ampla, estabelece os atos de uma cerimônia ou evento.

Ele existe desde a Antiguidade. Se consultarmos livros de história e acompanharmos filmes baseados na história, saberemos como aconteciam solenidades civis, militares e religiosas no Egito, Grécia, Roma, entre outras. "Cerimonial é o conjunto de formalidades que se deve seguir em um ato solene ou em uma festa pública. Esse conjunto está norteado por regras que especificam as formalidades, a etiqueta protocolar e social, em qualquer tipo de evento" (ZITTA, 2012, p. 293).

Cerimonial é o conjunto de formalidades, regras e normas a serem seguidas na organização de uma cerimônia oficial. É, assim, um conjunto de procedimentos a serem observados em atos solenes ou festas públicas. Essas normas ou regras orientam e disciplinam o comportamento e a postura de autoridades, personalidades ou participantes em geral dos eventos ou os acontecimentos, de ordem oficial ou não.

De acordo com a modalidade, o cerimonial é classificado, desde a Antiguidade, como diplomático, militar, religioso, social, esportivo etc.

O cerimonial, o protocolo e a etiqueta são de fundamental importância para quem pretende trabalhar em eventos, pois ditam as regras que disciplinam determinados atos públicos, civis ou militares.

> **Fique de olho!**
>
> Não podemos confundir! Cerimonial não significa organização de eventos nem etiqueta.

7.1.2 Protocolo

É a ordem hierárquica que determina as regras de conduta aos governos e seus representantes em ocasiões oficiais ou particulares, podendo implantar também método, controle, para, além de regular a conduta nas cerimônias públicas e privadas, estabelecer as leis para trocas de correspondências oficiais e privadas, o modo de vestir, sendo de fato para assegurar que cada um receba a posição e o respeito ao qual seu cargo faz jus e que são reconhecidos por outras autoridades políticas e administrativas e pela própria sociedade.

A ordem de precedência serve como base para que o protocolo seja cumprido da forma correta. A precedência é o conceito ou ordem pela qual se determina a ordem hierárquica de disposição das autoridades do estado, de um organismo ou de um grupo social. A ordem geral de precedência no cerimonial público regula-se pelo Decreto nº 70.274, de 09 de março de 1972.

> **Amplie seus conhecimentos**
>
> O Decreto nº 70.274, de 09 de março de 1972, pode ser lido na íntegra no *site:* <http://www.planalto.gov.br/ccivil_03/decreto/D70274.htm>. Acesso em: 21 jan. 2014.

7.1.3 Etiqueta

A etiqueta é o conjunto de regras que resultam no comportamento das pessoas. Possui um conjunto de formalidades adotado na sociedade que determina, muitas vezes, seu uso, seus costumes e a maneira de se portar em festas, cerimônias e alguns atos solenes.

Ao longo do tempo, têm sido impostos à sociedade determinados padrões de comportamento que são considerados adequados e corretos. Em casa, obviamente, temos atitudes mais descontraídas e informais; porém, temos de saber nos portar em outros lugares, situações e também com as pessoas.

Antes de aprender regras de etiqueta social, é preciso saber respeitar o próximo e entender que seu espaço termina quando o do outro começa. O organizador do evento conta plenamente com sua equipe para que o evento tenha o sucesso esperado. É ele o principal responsável pela imagem da empresa em que trabalha.

Comparada a um cartão de visita, a equipe deverá ter uma apresentação pessoal impecável. A apresentação pessoal deverá ser discreta e, além dos trajes, deve-se ter cuidado com a aparência pessoal. A equipe masculina deverá ter cabelos, unhas e barba sempre aparadas e limpas. A equipe feminina deve ter os cabelos limpos e de preferência presos, e evitar exageros como brilhos, muitas joias ou bijuterias, saltos muito altos, perfume e maquiagem muito forte.

O excesso de trabalho e o cansaço não justificam qualquer tipo de desleixo e falta de compromisso. No que se refere à postura adotada, a equipe deverá atuar de maneira atenciosa, educada, prestativa e ser paciente com os participantes.

7.2 Procedimentos em eventos

Apresentamos, agora, alguns exemplos de procedimento em eventos festivos: festa de debutante, casamento e formatura.

7.2.1 Festa de debutante (aniversário de 15 anos)

A festa de debutante é muito esperada e um momento único na vida da família. A festa tem origem nas famílias nobres, que realizavam um grande baile para a sociedade tendo como objetivo mostrar que sua filha estava se tornando uma mulher. A própria origem da palavra francesa *début* significa estreia, início. Na realidade, a função do baile também era atrair possíveis pretendentes para a moça. Para aquele estilo de sociedade, o importante não era o romantismo, e sim a aliança entre famílias nobres.

A festa de debutante tornou-se popular no Brasil a partir da década de 1950. Na década de 1980, as meninas passaram a preferir presentes ou viagens no lugar da festa. O destino preferido de muitas delas era a Disney. Já nos anos 1990 e 2000, a comemoração voltou e reavivou tradições como a troca do vestido e as velas. Algumas mudanças, no entanto, deixaram a festa mais moderna, como DJ e adereços para curtir a balada.

Seguem algumas sugestões para a tradicional festa de debutantes:

» A recepção dos convidados é feita pelos pais e recepcionista, se houver. Na recepção também há o famoso livro de registros, onde os convidados poderão deixar uma mensagem à aniversariante. O livro será guardado como recordação desse grande dia.

» No momento da valsa, as 15 velas simbolizam os 15 anos de vida. Ao apagar cada vela, a debutante comemora o fim de uma etapa.

» Se houver jantar, a debutante abre a mesa.

» Preparação para a entrada triunfal: momento da troca de vestido.

» Abertura realizada pelo mestre de cerimônias.

» Entrada dos pais.

» Entrada dos príncipes de honra para apresentação.

» Entrada das damas de honra.

» Entrada da debutante.

» A debutante é recebida pelo seu príncipe.

» Entrega de uma joia à debutante, geralmente entregue pelo pai ou avô.

» A troca do sapato baixo pelo de salto alto é feita pelo pai e tem dois significados: o primeiro informa aos participantes que a moça já está pronta para, sozinha, dar seus próprios passos e tomar suas próprias decisões, o segundo denota que os sapatos transcenderam o conceito de invólucros para os pés e tornaram-se sinalizadores sociais, símbolos de passagem, objetos de sedução e poder.

7.2.2 Casamento

O casamento é uma ocasião muito especial. Para que tudo seja perfeito, conforme mandam a tradição e o planejamento dos noivos, é necessária a presença de um excelente cerimonialista.

Os noivos que optam por casar na igreja sabem que existe um protocolo que deve ser seguido. O protocolo começa desde a chegada dos convidados, dos padrinhos e dos noivos, até a saída da cerimônia e da festa.

7.2.2.1 Entrada dos padrinhos

Os casais de padrinhos devem ser os primeiros convidados a chegar ao local da cerimônia. A ordem de entrada é a seguinte: primeiro entra o casal de padrinhos escolhidos pela noiva, depois um casal de padrinhos escolhidos pelo noivo e assim por diante, até que todos entrem. A posição dos padrinhos deve ser obedecida na seguinte ordem: padrinhos da noiva ficam ao lado esquerdo e padrinhos do noivo, ao lado direito.

7.2.2.2 Entrada do noivo

Depois que os padrinhos estão posicionados em seu lugar, o noivo deve entrar de braços dados com sua mãe (a mulher sempre fica à esquerda do homem). O noivo e sua mãe devem se posicionar ao lado direito, aguardando a chegada da noiva.

7.2.2.3 Dama de honra e pajem

Após a entrada do noivo, é o momento da entrada das damas de honra e dos pajens. Eles devem entrar antes da noiva (menina à esquerda e menino à direita). Damas e pajens entram ao som de uma melodia bem suave e agradável ou, ainda, segundo as tradições do cerimonial do casamento, podem entrar na frente da noiva ao som da Marcha Nupcial. Devemos lembrar que é o pajem quem carrega as alianças dos noivos. A dama pode ajudar a noiva a segurar o buquê, logo que chegar ao altar.

7.2.2.4 Entrada da noiva

Chegamos ao clímax do casamento: a entrada da noiva. Nesse momento, as portas são fechadas para aguçar a curiosidade dos convidados e, principalmente, do noivo para vê-la. Quando ela está pronta para entrar, começa a ser tocada a tradicional Marcha Nupcial ou qualquer outra música escolhida pelo casal. Segundo o cerimonialista, a noiva deve ficar de braços ou mãos dadas com o pai ou, na ausência deste, um tio ou padrinho de batismo, por exemplo. Diferentemente dos padrinhos, a noiva entra do lado direito e seu pai fica do lado esquerdo. Quando chegam ao altar, o pai entrega a sua filha ao noivo, que cumprimenta o sogro. O pai da noiva se posiciona ao lado da mãe da noiva.

O noivo aguarda a noiva do lado direito e, depois, ela assume o lado esquerdo, entregando o buquê para sua mãe ou dama de honra.

7.2.2.5 Saída

Ao final da cerimônia, a seguinte ordem de saída deverá ser obedecida:

1) noivos;

2) pais do noivo;

3) pais da noiva;

4) padrinhos.

7.2.2.6 Recepção de casamento

Depois que os convidados chegam à festa é que os noivos entram no salão de festas, ao som de uma música especial escolhida por ambos, e os convidados aplaudem de pé a entrada do casal.

7.2.2.7 Cumprimentos aos noivos

Muitos noivos preferem que os cumprimentos sejam realizados logo após chegarem ao salão de recepção. Eles vão de mesa em mesa e há registro fotográfico junto aos seus convidados. Outros casais preferem que os cumprimentos sejam feitos após a valsa ou ainda no local onde ocorreu a cerimônia. Fica a critério dos noivos.

7.2.2.8 Valsa

A tradicional valsa inicialmente é dançada somente pelos noivos. Em seguida, eles dançam com os pais e padrinhos. Depois, os noivos chamam os convidados para se juntarem a eles. Casais mais modernos optam por elaborar uma coreografia e dançar para os seus convidados.

7.2.2.9 Buquê

É tradição jogar o buquê, um dos momentos mais esperados pelas mulheres que ainda não se casaram. A noiva deve jogar o buquê pouco antes de ir embora ou pode optar por dá-lo de presente a uma amiga solteira em especial. Nos dias atuais, o buquê tem sido substituído por outros objetos, como um sapinho de pelúcia para que quem o pegue encontre seu príncipe encantado.

7.2.2.10 Escolha do DJ

A escolha do DJ é um momento muito especial. Caso não escolha realmente um profissional, o casal terá seu sonho totalmente comprometido, com péssimas lembranças. Deve-se escolher um DJ que tenha um *feeling* musical e uma sensibilidade extraordinária para, no dia do casamento, proporcionar aos convidados momentos de muita alegria, descontração e diversão. Ele deve transmitir total segurança, além de passar e repassar as principais músicas escolhidas pelos noivos.

7.2.2.11 Escolha da banda

Os noivos podem ter escolhido uma decoração maravilhosa e um *buffet* impecável, mas, se a banda contratada não for condizente com tudo isso, o sucesso da festa pode ir por água abaixo. É interessante procurar contratar um serviço que já se conheça ou indicado de alguém de confiança.

7.2.3 Colação de grau e baile de formatura

A formatura ou colação de grau é um ato oficial e de participação obrigatória para todos os estudantes que concluem o ensino médio, técnico, superior etc. Realiza-se em sessão pública com dia, hora e local marcados pela instituição. O período definido para as colações de grau é previamente estabelecido em calendário acadêmico aprovado em reunião de diretoria. É um dos momentos mais importantes da vida de um estudante, em que ele consagra a sua vitória por mais uma etapa de sua vida.

7.2.3.1 Quanto às representações

Deve-se dedicar atenção especial à presença de representantes de autoridades convidadas para um evento, pois eles são o testemunho de que a autoridade, mesmo impedida por algum motivo de participar da atividade, interessou-se em prestigiar o evento. Dessa forma, sugere-se citar o representante e, se for o caso, convidá-lo para compor a mesa de honra, porém, o representante, salvo de autoridade máxima do protocolo, não deve se pronunciar.

7.2.3.2 Citação de autoridades presentes

As demais autoridades, que não fazem parte da mesa de honra, devem ser citadas após a composição da mesa pela cerimonial apresentado pelo mestre de cerimônias.

7.2.3.3 Pronunciamentos

Para evitar que o evento tenha pronunciamentos longos, o cerimonial pede que:

- » a mesa de honra tenha, no máximo, até 9 pessoas;
- » todos que estiverem compondo a mesa sejam avisados com antecedência;
- » os participantes da mesa de honra, que farão uso da palavra sejam avisados sobre onde sentarão e o tempo ideal de pronunciamento (usando o bom senso);
- » os discursos para a sessão de abertura podem ser feitos na própria mesa, estando o discursante em pé ou sentado;
- » não é necessário que todos façam uso da palavra, mas que sejam avisados/consultados com antecedência se poderão ou não fazer um pronunciamento,

7.2.3.4 Comissão

Os formandos deverão inicialmente formar uma comissão que terá autonomia para projetar, decidir e representar os seus interesses. A estrutura básica de uma comissão deverá ser: presidente, vice-presidente, tesoureiro e secretário. Cabem à comissão de formatura as seguintes atribuições:

- » fazer um cadastro de contatos dos formandos com nome, telefone e *e-mail*;

- » tomar conhecimento, junto à direção, do calendário das colações de grau da instituição;

- » definir junto aos formandos e apresentar para a direção os nomes do paraninfo, patrono, professores e funcionários homenageados, orador, juramentista e outros convidados de honra;

- » convidar e confirmar a presença dos convidados de honra;

- » preparar junto à instituição o cerimonial para que o mestre de cerimônias possa apresentar o evento da maneira correta;

- » planejar o *layout* do convite para conferência dos dados obrigatórios que devem constar nele e contratar serviços como empresa de foto e filmagem.

A turma de formandos deverá definir:

- » Paraninfo: professor homenageado, escolhido pela turma, que entregará o diploma.

- » Patrono: personalidade escolhida para representar todos os cursos. Não precisa ser um professor; porém, apesar de haver mais de um curso no dia da colação, o paraninfo será o mesmo para todas as turmas.

- » Juramentista: aluno escolhido para fazer o juramento do seu curso perante os presentes. Terá o acompanhamento de todos os alunos do curso referido.

- » Orador: aluno escolhido para proferir um discurso relembrando alguns momentos importantes e homenageando pessoas que fizeram a diferença nessa trajetória.

7.2.3.5 Organização da colação de grau

Todos os formandos devem participar do ensaio com data, horário e local definidos pela direção da instituição. A comunicação será feita via *e-mail* e telefone aos membros da Comissão de Formatura, que devem avisar aos demais formandos.

Traje

Os formandos deverão trajar beca preta, faixa na cintura na cor do curso e capelo, que é colocado na cabeça após a outorga de grau. Sugere-se que os formandos utilizem por baixo da beca roupas leves e calçados confortáveis.

Amplie seus conhecimentos

Todo curso tem uma faixa de uma cor específica. Para ter acesso aos cursos e cores, visite o *site*: <http://formatura.com.br/dicas-de-formatura/223/relacao-de-cores-dos-cursos-de-formatura-pode-ser-que-haja-variacoes.html>. Acesso em: 21 jan. 2014.

Plano da mesa de honra

A ordem de chamada para compor a mesa de honra é da maior autoridade presente no evento para a menor. Antes de organizar a mesa de honra, precisa-se organizar a ordem de precedência dos convidados, sempre do mais importante para o menos importante.

Nas mesas ímpares, a pessoa mais importante fica no centro. A segunda pessoa mais importante fica à direita da pessoa mais importante. A terceira pessoa fica à esquerda da mais importante. A distribuição continua nessa ordem, ou seja, com número ímpar de participantes, a pessoa mais importante (o primeiro da lista de precedência) é o número 1. Depois, distribui-se a sequência da precedência um para a direita, outro para esquerda. No momento da distribuição dos lugares à mesa (direita e esquerda), para facilitar, posicione-se no palco, de frente para a plateia, como mostra a Figura 7.1.

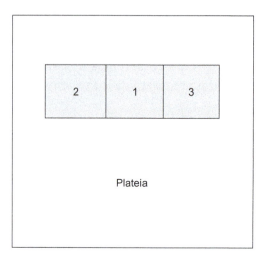

Figura 7.1 - Mesa de honra ímpar. O número 1 representa o primeiro da lista de precedência; ao lado esquerdo, a partir da visão da plateia, está o segundo na lista de precedência; e no lado direito da plateia, o terceiro na lista de precedência.

Nas mesas pares, ninguém fica no centro da mesa. É considerado um centro imaginário a partir do qual são colocadas as autoridades. A primeira pessoa mais importante fica à direita do centro imaginário; a segunda, à esquerda do centro; a terceira, à direita da primeira mais importante; a quarta, à esquerda da segunda, e assim sucessivamente, como mostra a Figura 7.2.

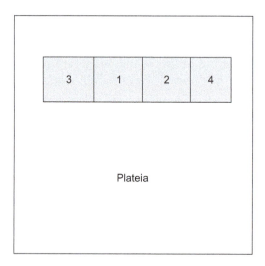

Figura 7.2 - Mesa de honra par. Como não há um centro marcado, é necessário imaginar uma linha central e iniciar a distribuição da lista de precedência partindo-se dessa linha.

Discurso

Um bom discurso deve ser simples, preciso e apresentar a seguinte estrutura:

» abertura;

» desenvolvimento;

» conclusão.

Para não ficar cansativo, o discurso deve durar de 3 a 5 minutos. Pode-se levar algo impresso ou falar de improviso, se for o desejo do convidado. Em geral, estará à disposição uma tribuna ou um púlpito para apoio do documento de leitura.

Juramento

O mestre de cerimônias convida o juramentista a ir até a tribuna e proferir o juramento em nome dos formandos. Este se dirige à tribuna ou púlpito e, com o braço direito estendido, lê o juramento, enquanto os demais, em pé, também com o braço estendido, acompanham e repetem a leitura. É interessante que o juramentista se prepare e leia com antecedência o juramento para se familiarizar com o texto.

Diploma

Momento em que o mestre de cerimônias convida o paraninfo da turma para fazer a entrega dos diplomas. Cada aluno é chamado à frente para recebê-lo.

7.2.3.6 Baile

A entrada dos alunos é anunciada pelo mestre de cerimônias, que anunciará cada um, além do paraninfo da turma. Durante o evento, pode haver discursos de alguns alunos e professores. Muitas turmas montam vídeos relembrando os momentos que passaram juntos. Costuma-se fazer um brinde para comemorar a graduação dos alunos e o jantar é servido em seguida.

Animado por banda ou DJ, chega um dos mais aguardados momentos da festa. O DJ é a pessoa responsável por fazer a animação da pista. Muitos possuem arquivos com diversas canções, o que significa que dispõem de uma ampla variedade de gêneros musicais para agradar a todos os estilos e idades. Com essa opção de som, as músicas se sucedem rapidamente, sem intervalos. A banda ao vivo também é interessante porque estabelece maior interação com o público.

Os formandos recebem acessórios para se divertirem ou para se sentirem mais confortáveis. É comum a distribuição de óculos, pulseiras neon e plumas. Para que todos "se joguem" na balada até o fim, alguns formandos optam por fazer chinelos com seu nome, o nome de curso no qual se está formando e a data, para nunca esquecer.

Vamos recapitular?

Vimos os significados de cerimonial, protocolo e etiqueta e podemos concluir que não existe cerimonial sem protocolo e etiqueta.

Cerimoniais de casamento, aniversário de 15 anos, colação de grau e formatura são apenas alguns exemplos. Existe uma infinidade de tipos de eventos; para cada um, deve-se ter especial atenção aos detalhes e ao profissionalismo.

Agora é com você!

1) Com suas palavras, defina cerimonial, protocolo e etiqueta.

2) Faça uma pesquisa sobre o cerimonial de outros tipos de eventos que não foram apresentados neste capítulo, como chá de bebê, bodas de prata etc. Apresente para a turma o levantamento de informações realizado.

8

Empresas Organizadoras de Eventos

Para começar

Neste capítulo, aprenderemos como se apresenta uma empresa organizadora de eventos, quais suas características, qual a sua relação com seus fornecedores, quem são os possíveis colaboradores e como estruturar esses funcionários em um organograma, além de identificar a documentação jurídica para a abertura desse tipo de empresa.

8.1 Definição das empresas organizadoras de eventos

Empresas organizadoras de eventos vêm ganhando espaço no mercado atual. Seu papel é cada vez mais importante. As pessoas estão percebendo que contratar uma empresa ou um profissional autônomo para conceber e realizar seus eventos é muito mais vantajoso.

A possibilidade de trabalhar com diversas pessoas, em diferentes lugares, vivenciando situações inéditas, faz com que muitos se arrisquem no mercado de eventos. Enquanto alguns optam pela carreira *freelancer*, outros encaram a abertura de uma empresa para organizar eventos.

O que precisamos fazer para termos nossa empresa organizadora de eventos? Como nos posicionar em um mercado tão competitivo? Como divulgar nossos serviços? Que relação devemos ter com as empresas prestadoras de serviços em nossos eventos? São questões constantemente levantadas, pois, muitas vezes, existem aqueles que se aventuram em abrir uma empresa sem ter realizado uma pesquisa de mercado para saber quais necessidades e oportunidades esse mercado apresenta.

A definição de uma empresa organizadora de eventos, segundo a Lei do Turismo nº 11.771/2008, determina que esse tipo de empresa realize serviços de gestão, planejamento, organização, promoção, coordenação, operacionalização, produção e assessoria de eventos.

Uma empresa organizadora de eventos é uma empresa legalmente estabelecida que tem como objetivo principal prestar serviços como planejamento, organização, viabilidade e controle de eventos, trazendo assim uma globalização das ações estabelecidas em um evento.

Pela definição apresentada, a empresa organizadora de eventos pode optar por trabalhar com todas essas ações ou mesmo se especializar em algumas delas. Não é difícil encontrar empresas ligadas a eventos que apenas oferecem, por exemplo, a montagem e desmontagem de estandes, decoração e cenografia, recursos humanos, contratação de atrações artísticas, vídeos e fotos, entre outros.

Amplie seus conhecimentos

A Lei nº 11.771/2008 (lei ordinária), de 17 de setembro de 2008, dispõe sobre a Política Nacional de Turismo e define as atribuições do Governo Federal no planejamento, desenvolvimento e estímulo ao setor turístico.

Em relação às empresas organizadoras de eventos, a lei estabelece:

> Art. 30. Compreendem-se por organizadoras de eventos as empresas que têm por objeto social a prestação de serviços de gestão, planejamento, organização, promoção, coordenação, operacionalização, produção e assessoria de eventos.
>
> § 1º As empresas organizadoras de eventos distinguem-se em 2 (duas) categorias: as organizadoras de congressos, convenções e congêneres de caráter comercial, técnico-científico, esportivo, cultural, promocional e social, de interesse profissional, associativo e institucional, e as organizadoras de feiras de negócios, exposições e congêneres.
>
> § 2º O preço do serviço das empresas organizadoras de eventos é o valor cobrado pelos serviços de organização, a comissão recebida pela intermediação na captação de recursos financeiros para a realização do evento e a taxa de administração referente à contratação de serviços de terceiros.

Para saber mais sobre o que determina a Lei nº 11.771/2008, visite os *sites*: <http://www.planalto.gov.br/ccivil_03/_ato2007-2010/2008/lei/l11771.htm> e <http://www.turismo.gov.br/turismo/legislacao/portarias/20110728-3.html>. Acesso em: 21 jan. 2014.

Uma empresa organizadora de eventos atuará no terceiro setor, ou seja, no setor produtivo, que engloba também as indústrias, empresas comerciais e prestadoras de serviços, tendo, portanto, seus recursos provindos da venda e comercialização desses produtos e serviços.

Especificamente quando se trata das empresas organizadoras de eventos, o que é vendido e comercializado são os serviços prestados. Por isso, devemos observar algumas características peculiares.

Um evento é um serviço; assim, não se trata de um produto palpável, físico, mas sim de um serviço intangível. Não se pode experimentar um evento antes dele acontecer. Apesar disso, é possível utilizar algumas estratégias para esclarecer, junto ao cliente, quais serviços iremos oferecer quando organizamos um evento. Para isso, podemos utilizar algumas comparações; paralelos que possam levar ao entendimento com o cliente, como comparar um evento a um produto ou mesmo uma linha de produtos.

Ao utilizarmos as analogias, como comparação em um evento, poderemos destacar os "produtos" oferecidos. Esses produtos colocados na comercialização podem ser diretamente relacionados aos diversos setores do evento, como alimentos e bebidas, atrações, produção, operacionalização, *marketing*, entre outros.

É importante salientar que a apresentação da proposta de um evento para os clientes deverá ser feita utilizando vários recursos, principalmente visuais, com vídeos, *slides* atrativos e materiais como *folders*, catálogos e portfólios. É válido utilizar eventos realizados anteriormente para reforçar a qualidade dos serviços prestados.

8.2 Procedimentos básicos para a abertura de uma empresa organizadora de eventos

Apesar de algumas particularidades, uma empresa organizadora de eventos precisa seguir as mesmas etapas de abertura de qualquer outra empresa.

> O primeiro passo para que uma empresa exista é a sua CONSTITUIÇÃO formal. Para tanto, é necessário definir sua forma jurídica. A forma jurídica determina a maneira pela qual ela será tratada pela lei, assim como o seu relacionamento jurídico com terceiros. (SEBRAE, 2013)

As empresas organizadoras de eventos não são, em sua maioria, empresas que requerem estrutura ou porte muito grande, podendo assim ser compostas juridicamente como microempresas ou pequenas empresas. Ainda segundo o Sebrae (2013), as formas jurídicas dos empreendedores são:

» **Microempreendedor individual (MEI):** pessoa que trabalha por conta própria e que se legaliza como pequeno empresário.

» **Empresário individual:** pessoa física que exerce atividade econômica organizada para a produção ou a circulação de bens ou de serviços. Responde com o seu patrimônio pessoal pelas obrigações contraídas pela empresa.

» **Empresa individual de responsabilidade limitada (EIRELI):** empresa constituída por uma única pessoa, titular da totalidade do capital social. A empresa responde por dívidas apenas com seu patrimônio, e não com os bens pessoais do titular.

» **Sociedade limitada:** sociedade composta de, no mínimo, dois sócios, pessoas físicas ou jurídicas. A responsabilidade de cada sócio é limitada ao valor de suas cotas, mas todos respondem solidariamente pela integralização do capital social.

O levantamento da documentação necessária para abertura das empresas é outro procedimento fundamental. Conforme os *sites* Emprega Brasil (2013) e Sebrae (2013), as providências básicas necessárias para a abertura de um empreendimento são:

» registro na Junta Comercial;

» CNPJ (Cadastro Nacional de Pessoa Jurídica) - atualmente a inscrição é realizada pelo *site* da Receita Federal;

» alvará de funcionamento;

» cadastro na Previdência Social;

» Aparato Fiscal;

» Inscrição Estadual;

» registro na Secretária da Receita Federal;

» registro na Secretária da Fazenda;

» registro na Prefeitura do Município;

» registro no INSS (somente quando não tem o CNPJ - Pessoa autônoma - Receita Federal);

» registro no Sindicato Patronal.

Amplie seus conhecimentos

Segundo ainda o *site* Emprega Brasil (2013), os interessados em abrir um empreendimento precisarão ir até a prefeitura da cidade onde pretendem montar sua empresa e obter informações quanto às providências em relação às instalações físicas da empresa (em relação à localização) e também o alvará de funcionamento.

O futuro empreendedor deve também consultar o Procon para verificar a adequação dos seus produtos às especificações do Código de Defesa do Consumidor (Lei nº 8.078, de 11 de setembro de 1990).

Outra dica é sempre consultar o *site* do Sebrae da sua localidade. Nele, o futuro empreendedor poderá encontrar as principais informações sobre como abrir um negócio, além de diversos materiais de apoio disponíveis para consultas.

Para saber mais, visite os *sites*: <http://www.empregabrasil.org.br/aq/como_abrir_empresa_de_organizacao_de_evento. htm> e <http://www.sebraesp.com.br/arquivos_site/biblioteca/guias_cartilhas/Como_elaborar_um_plano_de_negocios. pdf>. Acesso em: 21 jan. 2014.

8.3 Estrutura da empresa organizadora de eventos

8.3.1 Organograma

O organograma é um gráfico que representa a estrutura formal de uma empresa. Acredita-se que a criação dos primeiros organogramas deva-se ao norte-americano Daniel C. McCallum, administrador de ferrovias, no ano de 1856. Naquela época, as ferrovias eram empreendimentos muito complexos e caros, exigindo estrutura hierárquica com vários cargos. Os organogramas mostram como estão dispostas a hierarquia e as relações de comunicação existentes.

Os órgãos são unidades administrativas com funções bem definidas. Exemplos de órgãos são tesouraria, compras, portaria, biblioteca, produção, administração, financeiro, secretaria, entre outros.

Os órgãos possuem um responsável cujo cargo pode ser chefe, supervisor, gerente, coordenador, diretor, secretário, governador, presidente, entre outros. Em geral, possuem colaboradores (funcionários) e espaço físico definido. Num organograma, os órgãos são dispostos em níveis que representam a hierarquia entre eles. Em um organograma vertical, quanto mais alto estiver o órgão, maior a autoridade.

8.3.2 Elaboração de um organograma tradicional

A princípio, precisamos determinar todas as funções/cargos e setores que serão apresentados no organograma, definindo suas posições hierárquicas. Faz-se uma lista como a seguinte:

1) presidente/reitor

2) diretores (financeiro, administrativo, operacional, comercial etc.)

3) gerentes (financeiro, administrativo, produção, vendas etc.)

4) setores da produção, contabilidade, financeiro, jurídico, entre outros.

O organograma tradicional trata a ordem de posições da seguinte forma: quanto maior a autonomia e responsabilidade, maior a altura da posição usada pelo cargo ou setor.

8.3.2.1 Organograma horizontal

É feito com base na hierarquia da empresa, mas tem essa característica amenizada pelo fato dessa relação ser representada horizontalmente, ou seja, o cargo mais baixo na hierarquia não está numa posição abaixo dos outros, mas ao lado. A Figura 8.1 ilustra esse tipo de organograma.

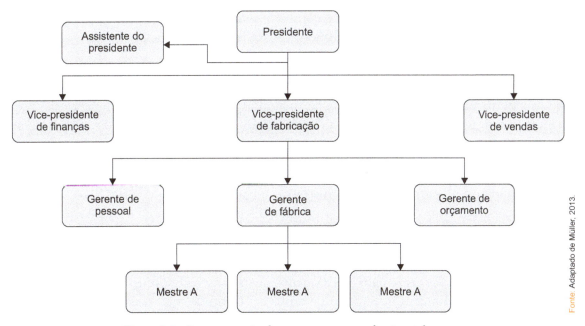

Figura 8.1 - Representação de um organograma horizontal com as especificações dos postos na empresa colocadas na forma lateral.

Empresas Organizadoras de Eventos

8.3.2.2 Organograma em barras

É representado por meio de retângulos a partir de uma base vertical. O tamanho do retângulo é diretamente proporcional à importância da autoridade que o representa. A Figura 8.2 ilustra esse tipo de organograma.

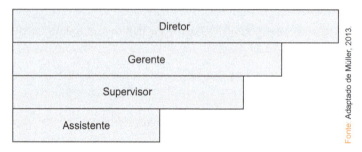

Figura 8.2 - Representação de um organograma em barras, onde os cargos estão representados em uma base vertical, diferenciando-se, portanto, da organização horizontal. Modelo mais simplificado de organograma. A barra de maior extensão indica o cargo de maior expressão na empresa.

8.4 Sugestão de organograma de uma empresa organizadora de eventos de pequeno porte

A estrutura para quem pretende abrir uma empresa organizadora de eventos de pequeno porte ou mesmo atuar no mercado como profissional independente não requer grandes investimentos.

Um escritório simples e equipamentos como computadores, impressoras e telefones, além de uma rede de Internet, são suficientes para que se possa começar a pensar em abrir uma empresa. Para a realização dos eventos, os equipamentos poderão ser alugados.

Como os serviços prestados para um evento podem ser feitos de forma terceirizada, o organizador pode contar com uma pequena equipe de colaboradores. Contudo, é essencial que essa equipe esteja bem sincronizada e demonstre muita dedicação, pois o volume de atividades frequentemente é muito grande. A organização, neste caso, é essencial em todos os sentidos.

A empresa organizadora de eventos de pequeno porte poderá apresentar os seguintes setores: diretoria e/ou gerência, departamento administrativo, departamento de coordenação, departamento operacional e departamento de *marketing*. A Figura 8.3 apresenta a representação simples de um organograma da empresa.

O organograma ajuda os empresários a terem uma visão mais clara dos cargos e/ou funções que se tem nas empresas. Ele serve para observarmos quais cargos e/ou funções existem, qual o nível hierárquico, cargos e/ou funções que atuam na empresa. Contudo, não fazem parte da composição fixa da empresa; são setores terceirizados, como o de contabilidade e o jurídico, que podem ser contratados para prestar serviços para a empresa.

Serviços terceirizados aparecem no organograma em caixas pontilhadas, indicando que não se trata de serviços fixos.

Figura 8.3 - Sugestão de organograma de empresa organizadora de eventos de pequeno porte. A empresa poderá trazer, de forma terceirizada, os departamentos de contabilidade e também, caso haja necessidade, o departamento jurídico. Estes setores são apresentados de forma tracejada no organograma.

8.4.1 Descrição dos setores da empresa

8.4.1.1 Diretoria e/ou gerência

Este setor poderá apresentar a nomenclatura de diretoria e/ou gerência da empresa; a escolha dependerá da quantidade de funções exercidas. Cabe a esse setor responder diretamente pela empresa, fechando contratos e orçamentos ligados ao evento. Além disso, caberá a ele coordenar a equipe fixa (aquelas que pertencem ao quadro fixo de colaboradores da empresa) e determinar a escolha final da equipe terceirizada que atuará nos eventos. Todas as decisões em relação à empresa e ao evento deverão ter o aval do(s) representante(s) desse setor.

8.4.1.2 Departamento de coordenação

Este departamento responderá de forma direta pela negociação e fechamento dos eventos. É esse departamento que tem como responsabilidade a contratação dos serviços terceirizados, como empresas para montagem e desmontagem de estandes, decoração, alimentos e bebidas e demais serviços que darão suporte ao evento.

8.4.1.3 Departamento de operacionalização

É o departamento que auxiliará o departamento de coordenação e, por esse motivo, aparece abaixo no organograma. Este setor participa diretamente da fiscalização das empresas terceirizadas que realizarão a montagem e desmontagem do evento, cenografia, equipamentos como os de som e iluminação, organização dos materiais a serem distribuídos, como pastas aos convidados e público participante, distribuição de brindes, orientação do público e posicionamento de sinalização, entre outras funções que exigem execução direta.

8.4.1.4 Departamento administrativo

Este departamento é um dos mais importantes das empresas organizadoras de eventos, pois medirá constantemente a saúde financeira da empresa. Ele cuidará de toda a parte administrativa da empresa, compreendendo entre suas responsabilidades a administração da gestão dos recursos humanos, passando pelo fluxo de caixa da empresa e análise de contratos. Pode-se contratar um advogado ou mesmo uma empresa jurídica para realizar com mais cuidado os contratos dos eventos - no caso, são serviços terceirizados.

8.4.1.5 Departamento de contabilidade

O departamento é responsável pelo planejamento, supervisão e orientação na execução de procedimentos contábeis, sempre de acordo com exigências legais e administrativas. Esse setor poderá ser terceirizado, sendo ilustrado no organograma em caixas pontilhadas.

8.4.1.6 Departamento de *marketing*

É o departamento que cuidará de toda a promoção e divulgação da empresa organizadora de eventos e, em algumas ocasiões, do próprio evento. Tem papel fundamental, lidando com a criação de estratégias de divulgação e materiais promocionais, anúncios em *sites*, redes sociais e outros veículos de mídia, desenvolvimento de brindes e comunicação visual como logomarcas, logotipos, convites, entre outros. Trabalha diretamente com as gráficas para a confecção de todos os materiais promocionais desenvolvidos. Esse departamento também faz o orçamento de todas as ações e o repassa, posteriormente, ao setor administrativo da empresa.

8.5 Características dos profissionais de eventos

As empresas organizadoras de eventos podem contratar profissionais de diversas áreas para o evento. Por isso, é necessário buscar especialistas que tenham conhecimento exato das funções que irão executar.

Os profissionais responsáveis pelas funções, tanto nas empresas organizadoras de eventos quanto nos eventos, deverão ser profissionais responsáveis que estejam preparados para uma atuação que englobe diversas funções.

O quadro de colaboradores para o evento pode variar conforme a necessidade. Assim, eventos de menor porte requerem um menor quadro de colaboradores, ao passo que eventos de grande porte exigem um complexo planejamento junto ao quadro geral de colaboradores, contando com uma grande equipe.

O próprio promotor do evento tem algumas atribuições. Sua participação na concepção e viabilização do evento é fundamental.

8.5.1 Papel do organizador promotor do evento (cliente)

O cliente ou promotor é aquele que solicitará o evento. É o verdadeiro "dono" do evento; para ele é que o organizador deverá, constantemente, prestar contas de todas as ações relacionadas ao evento.

O promotor do evento também participa da organização do evento, cabendo a ele as seguintes responsabilidades:

» definir, em conjunto com o organizador, o formato do evento;

» aprovar ou reprovar a data determinada para o evento;

» aprovar ou reprovar o local para a realização do evento;

» conhecer o programa (dinâmica do evento) - o que, de fato, acontecerá no evento;

- » compor uma comissão de acompanhamento do evento;
- » obtenção de recursos para o evento, principalmente para o orçamento;
- » fornecimento de textos e/ou materiais, logomarcas, logotipos para elaboração de textos e materiais publicitários relacionados ao evento;
- » aprovação dos materiais, serviços e orçamentos necessários à realização do evento;
- » fornecer listagem (*mailing list* do evento);
- » aprovar o cronograma estabelecido para a realização das atividades pertinentes ao evento.

8.5.2 Papel do organizador de eventos

Ao organizador, caberão as principais funções referentes ao desenvolvimento do evento. Ele deverá estar muito atento no que diz respeito à boa execução dessas funções, as quais incluem:

- » elaboração do planejamento global do evento;
- » estudo da viabilidade financeira do evento;
- » assessorar o promotor na escolha da data do evento;
- » assessorar o promotor na escolha do local para o evento;
- » assessorar na obtenção dos recursos para o evento;
- » assessorar na elaboração dos projetos de comunicação visual do evento;
- » assessorar na escolha dos materiais e serviços necessários à realização do evento;
- » elaborar os textos para o evento;
- » acompanhar os serviços gráficos para o evento;
- » criar estratégias para a promoção e divulgação do evento;
- » preparar e expedir correspondências e qualquer outro tipo de comunicação do evento, como *e-mails*;
- » levantar todas as necessidades de logística do evento;
- » contratação de serviços terceirizados;
- » contratação de colaboradores;
- » acompanhamento e estudo de contratos de prestação de serviços (muitas vezes exige-se a consulta ou mesmo contratação de um advogado);
- » coordenação de todas as atividades da secretária executiva do evento em todas as suas fases;
- » controle do fluxo de caixa, sempre prestando contas da movimentação do caixa ao promotor;
- » realização de contatos e reuniões periódicas com o promotor do evento para relatar o andamento de todas as atividades.

8.5.3 Principais profissionais de um evento

Como foi mencionado anteriormente, dependendo do tipo e do porte do evento, diferentes tipos de profissionais serão necessários. Esses profissionais deverão exercer papéis que possam propiciar a realização satisfatória do evento.

Os profissionais mais adequados para atuarem em um evento são:

- » coordenador geral;
- » coordenadores de áreas (alimentos e bebidas, *marketing*, artístico etc.);
- » recepcionistas;
- » manobristas;
- » secretárias;
- » tradutores;
- » intérpretes;
- » mestres de cerimônias;
- » engenheiros;
- » operadores de som;
- » operadores de luz;
- » operadores de vídeo;
- » equipe de manutenção;
- » brigada de cozinha;
- » brigada de copa;
- » *barmen* e garçons;
- » equipe de limpeza;
- » equipe de segurança;
- » assessoria de imprensa;
- » fotógrafos;
- » assistentes de vendas;
- » assessores de comunicação;
- » auxiliares de informática;
- » médicos;
- » enfermeiros;
- » transportes;
- » segurança;
- » bilheterias e caixas;
- » equipe de apoio para montagem e desmontagem;
- » orquestra ou banda para entonação de hinos etc.;
- » equipe artística.

8.6 Relacionamento com os fornecedores para eventos

A relação do organizador com seus fornecedores é muito delicada e exige-se cuidado de ambas as partes.

Muitas vezes, é necessária a contratação de serviços terceirizados que, no momento do evento, representarão o próprio contratante - no caso, a empresa que estará organizando o evento. Isso indica que qualquer falha cometida por um fornecedor terceirizado, aos olhos do público e do cliente, será atribuída a quem organizou o evento.

O organizador deverá criar estratégias de negociação com os fornecedores. Para uma boa negociação, é necessário saber exatamente o que se deseja, incluindo valores de mercado de produtos e serviços, para evitar enganos.

Outro aspecto importante é o prazo de entrega dos produtos e/ou serviços. Deverá ser contemplado exatamente o prazo estipulado por ambas as partes. Qualquer atraso poderá prejudicar o andamento do evento. Cabe ao organizador definir os prazos com antecedência.

Ao pesquisar as empresas que prestarão serviços para um evento, é fundamental não ater-se a apenas uma empresa. O ideal é que se faça o levantamento em pelo menos três tipos de empresas fornecedoras de serviços. Com isso, o organizador apresentará opções ao cliente. Isso também possibilitará negociar valores entre esses fornecedores, bem como prazos de pagamentos e entregas.

É fundamental escolher com cautela, pesquisar outras referências, consultar empresas que já utilizaram os serviços daquele fornecedor e levantar o máximo de opiniões possíveis.

8.7 Entidades e associações representativas no setor de eventos

O setor de eventos é representado por algumas entidades e associações que têm importante papel no que diz respeito à regulamentação do setor, assim como na captação de eventos para uma localidade. Elas figuram de forma internacional e nacional, sendo fundamental para o organizador de eventos conhecer as mais representativas. Segue-se uma relação das principais entidades e associações do setor de eventos.

8.7.1 Internacional Congress & Convention Association (ICCA)

Fundada em 1963 por um grupo de agências de viagens, a ICCA é uma das mais importantes organizações do mundo em reuniões internacionais. É a única que compreende uma associação que representa os principais especialistas em manuseio, transporte e acolhimento de eventos internacionais. Compreende cerca de 1.000 empresas e organizações associadas em mais de 90 países do mundo. Especializada no setor internacional de reuniões da associação, oferece dados incomparáveis, canais de comunicação e oportunidades de desenvolvimento de negócios.

8.7.2 Confederación de Entidades Organizadoras de Congresos y Afines de América Latina (Cocal)

Foi criada em 1985, em Buenos Aires, para, a partir da cooperação entre suas entidades-membros, difundir a América Latina como um destino atrativo para a realização de eventos junto a outros continentes, dando suporte para progredirem profissionalmente, estabelecendo normas, princípios éticos, profissionais e comerciais, incentivando o desenvolvimento no segmento.

8.7.3 Associação Internacional de Profissionais Organizadores de Congressos (IAPCO)

A IAPCO é uma associação com foco na profissionalização dos profissionais envolvidos no setor de eventos. Tem como objetivo proporcionar a formação dos membros associados, garantindo o reconhecimento da profissão no mais alto nível, por meio dos serviços de qualidade oferecidos.

8.7.4 Associação Brasileira das Empresas de Eventos (ABEOC)

Fundada em 15 de janeiro de 1977, é uma entidade de classe com jurisdição em todo o território nacional. Constitui uma entidade civil, sem fins lucrativos e sem caráter político-partidário. Tem por objetivo congregar as empresas organizadoras e prestadoras de serviços especializados em eventos, cadastradas no Ministério do Turismo, conforme Lei Geral do Turismo nº 11.771/2008 e seu Decreto Regulamentador.

A ABEOC está presente e regulamentada em 12 estados: Amazonas, Bahia, Ceará, Espírito Santo, Goiás, Minas Gerais, Paraná, Pernambuco, Rio de Janeiro, Rio Grande do Sul, Santa Catarina e São Paulo. Conta com cerca de 500 empresas associadas.

8.7.5 Associação Brasileira dos Centros de Convenções, Eventos e Feiras (ABRACCEF)

Fundada em 30 de setembro de 1985, é uma sociedade civil, sem fins lucrativos e sem caráter religioso ou político-partidário. Reúne e associa centros de convenções e de exposições de todo o Brasil, com a finalidade de promover a integração e a troca de informações relativas às áreas de operações, finanças, tecnologia, gerenciamento, *marketing*, comercial, relações com clientes e desenvolvimento de negócios do respectivo setor.

8.7.6 União Brasileira dos Promotores de Feiras (UBRAFE)

Entidade que representa o setor de feiras de negócios, exposições e eventos de todos os segmentos da economia nacional. Em seu quadro de associados, estão as maiores empresas do sistema expositor brasileiro.

Vamos recapitular?

Aprendemos neste capítulo que é essencial o conhecimento de alguns procedimentos para a abertura de uma empresa organizadora de eventos. Analisamos a estrutura que poderá compor um empreendimento de pequeno porte para eventos e como podemos representar, em um organograma, alguns departamentos da empresa. Conhecemos os papéis do promotor e do organizador do evento e as diferenças de ambos. Levantamos também quem são os principais personagens que poderão atuar em um evento e como o relacionamento entre o organizador de eventos e seus fornecedores poderá ser delicado.

Por fim, conhecemos algumas entidades e associações que representam o setor de eventos em esfera nacional e internacional.

Agora é com você!

1) Destaque as diferenças essenciais em comercializar um evento e um produto. Aponte quais estratégias podem ser utilizadas na venda de um evento.

2) Com base no papel dos organizadores de eventos, indique quais características seriam fundamentais para a contratação de um colaborador para gerenciar um evento.

3) Descreva o que é um organograma e qual a sua importância para o planejamento e a organização de um evento.

4) Escolha uma empresa e elabore um organograma de acordo com suas funções e hierarquias.

Bibliografia

ABEOC BRASIL. **ABEOC Brasil apoia busca por informações de eventos internacionais realizados no país em 2013**, 2013a. Disponível em: <http://www.abeoc.org.br/2013/11/abeoc-brasil-apoia-busca-informacoes-eventos-icca/>. Acesso em: 10 dez. 2013.

_____. **Quem somos**. Disponível em: <http://www.abeoc.org.br/quem-somos/#sthash.LYOu9oOL.dpuf>. Acesso em: 26 dez. 2013.

_____. **Ranking ICCA de eventos internacionais - 2012**, 2013b. Disponível em: <http://www.abeoc.org.br/2013/05/ranking-de-eventos-internacionais-icca-2013/>. Acesso em: 24 nov. 2013.

_____. **Ranking mundial de cidades - ICCA 2012**, 2013c. Disponível em: <http://www.abeoc.org.br/wp-content/uploads/2013/05/icca2012_ranking_cidades.pdf>. Acesso em: 24 nov. 2013.

ABRACCEF. **A entidade**. Disponível em: <http://www.abraccef.org.br/novo_site/entidade.php>. Acesso em: 26 dez. 2013.

ALMEIDA, M. **Fluxograma**, 2012. Disponível em: <http://marcioqualy.blogspot.com.br/2012/07/fluxograma.html>. Acesso em: 30 dez. 2013.

ANDRADE, R. B. **Manual de eventos**. Caxias do Sul: EDCUS, 2002.

ARTE EDUCAÇÃO. **Datas comemorativas**, 2013. Disponível em: <http://www.arteducacao.pro.br/comemorativas.htm>. Acesso em: 22 dez. 2013.

BARBIAN, E. **5 modelos de fluxogramas para download**, 2013. Disponível em: <http://www.oficinadanet.com.br/post/10652-5-modelos-de-fluxogramas-para-download>. Acesso em: 30 dez. 2013.

BARBOSA, Y. M. **História das viagens e do turismo**. São Paulo: Aleph, 2002.

BRASIL. Ministério da Cultura. **Apoio a projetos**. Disponível em: <http://www.cultura.gov.br/apoio-a-projetos>. Acesso em: 10 dez. 2013.

_____. Ministério do Turismo. **Eventos**. Disponível em: <http://www.eventos.turismo.gov.br/eventos/home.html>. Acesso em: 25 nov. 2013.

_____. Ministério do Turismo. **Portaria nº 130, de 26 de julho de 2011**. Institui o Cadastro dos Prestadores de Serviços Turísticos - Cadastur, o Comitê Consultivo do Cadastur - CCCad e dá outras providências. Disponível em: <http://www.turismo.gov.br/turismo/legislacao/portarias/20110728-3.html>. Acesso em: 23 dez. 2013.

_____. Presidência da República. Casa Civil. Subchefia para Assuntos Jurídicos. **Lei nº 11.771, de 17 de setembro de 2008**. Dispõe sobre a Política Nacional de Turismo, define as atribuições do Governo Federal no planejamento, desenvolvimento e estímulo ao setor turístico; revoga a Lei nº 6.505, de 13 de dezembro de 1977, o Decreto-Lei nº 2.294, de 21 de novembro de 1986, e dispositivos da Lei nº 8.181, de 28 de março de 1991; e dá outras providências. Disponível em: <http://www.planalto.gov.br/ccivil_03/_ato2007-2010/2008/lei/l11771.htm>. Acesso em: 23 dez. 2013.

BRASIL ESCOLA. **Eco 92**. Disponível em: <http://www.brasilescola.com/geografia/eco-92.htm>. Acesso em: 10 dez. 2013.

BRIEFING. In: **Dicionário Web**. Disponível em: <http://www.dicionarioweb.com.br/briefing/>. Acesso em: 25 nov. 2013.

BRITTO, J.; FONTES, N. **Estratégias para eventos**: uma ótica do marketing e do turismo. 2. ed. São Paulo: Aleph, 2006.

CALENDÁRIO SAZONAL. **Datas comemorativas**, 2014. Disponível em: <http://www.datascome-morativas.me/2014/7>. Acesso em: 6 jan. 2014.

CERCA de 900 mil turistas estiveram no carnaval do Rio. **Exame**, Rio de Janeiro, fev. 2013. Disponível em: <http://exame.abril.com.br/brasil/noticias/cerca-de-900-mil-turistas-estiveram-no-carnaval-do-rio>. Acesso em: 16 jan. 2014.

CESCA, C. G. G. **Organização de eventos**: manual para planejamento e execução. São Paulo: Summus, 1997.

_____. **Organização de eventos**: manual para planejamento e execução. 9. ed. rev. e atual. São Paulo: Summus, 2008.

CIDADE DE SÃO PAULO. **Dados da cidade de São Paulo**. Disponível em: <http://www.cidadede-saopaulo.com/sp/br/sao-paulo-em-numeros>. Acesso em: 9 dez. 2013.

EMPREGA BRASIL. **Como abrir uma empresa de organização de eventos**. Disponível em: <http://www.empregabrasil.org.br/aq/como_abrir_empresa_de_organizacao_de_evento.htm>. Acesso em: 26 dez. 2013.

EVENTO. In: **Dicionário do Aurélio**. Disponível em: <http://www.dicionariodoaurelio.com/Evento.html>. Acesso em: 10 dez. 2013.

FERREIRA, M. *et al.* **Como fazer eventos & congressos**. 2. ed. Curitiba: A. D. Santos, 2010.

IAPCO. International Association of Professional Congress Organisers. Disponível em: <http://www.iapco.org/>. Acesso em: 26 dez. 2013.

JORNAL HOJE. **Capitais nordestinas são as preferidas para realizar eventos de negócios**. Disponível em: <http://g1.globo.com/jornal-hoje/noticia/2013/12/capitais-nordestinas-sao-preferi-das-para-realizar-eventos-de-negocios.html>. Acesso em: 30 dez. 2013.

MÜLLER, N. **Tipos de organograma**, 2013. Disponível em: <http://www.oficinadanet.com.br/artigo/1554/tipos_de_organograma>. Acesso em: 03 fev. 2014.

PORTAL 2014. **Embratur espera que Copa do Mundo ajude a duplicar número de turistas**, 2011. Disponível em: <http://www.portal2014.org.br/noticias/7635/EMBRATUR+ESPERA+QUE+COPA+DO+MUNDO+AJUDE+A+DUPLICAR+NUMERO+DE+TURISTAS.html>. Acesso em: 9 dez. 2013.

PORTAL 2014. **Rio precisa triplicar número de leitos para a Olimpíada de 2016**, 2012. Disponível em: <http://www.portal2014.org.br/noticias/9181/RIO+PRECISA+TRIPLICAR +NUMERO+DE+LEITOS+PARA+A+OLIMPIADA+DE+2016.html>. Acesso em: 9 dez. 2013.

_____. **Turistas devem gastar R$ 25 bilhões durante a Copa 2014**, 2013. Disponível em: <http://www.portal2014.org.br/noticias/12126/TURISTAS+DEVEM+GASTAR+R+25+BILHOES+DURAN TE+A+COPA+2014+DIZ+EMBRATUR.html>. Acesso em: 9 dez. 2013.

PORTAL BRASIL. **Lei Rouanet**, 2012. Disponível em: <http://www.brasil.gov.br/cultura/2009/11/ lei-rouanet>. Acesso em: 19 dez. 2013.

RIBEIRO, T. História das olimpíadas. **Mundo Educação**, 2013. Disponível em: <http://www.mundo-educacao.com/educacao-fisica/historia-das-olimpiadas.htm>. Acesso em: 10 dez. 2013.

RIO 2016. **Voluntários**. Disponível em: <http://rio2016.com/comite-organizador/voluntarios>. Acesso em: 9 dez. 2013.

SANTOS FILHO, J. Thomas Cook: marco da historiografia dominante no turismo - parte I. **Revista Espaço Acadêmico**, ano VIII, n. 87, ago. 2008. Disponível em: <http://www.espacoacademico.com. br/087/87jsf.htm>. Acesso em: 17 dez. 2013.

SÃO PAULO (Município). Decreto nº 49.969, de 28 de agosto de 2008. **Regulamenta a expedição de Auto de Licença de Funcionamento, Alvará de Funcionamento, Alvará de Autorização para eventos públicos e temporários e Termo de Consulta de Funcionamento, em consonância com as Leis nº 10.205, de 4 de dezembro de 1986, e nº 13.885, de 25 de agosto de 2004; revoga os decretos e a portaria que especifica**. Disponível em: <http://www3.prefeitura.sp.gov.br/cadlem/secreta-rias/negocios_juridicos/cadlem/integra.asp?alt=29082008D%20499690000>. Acesso em: 6 dez. 2013.

SÃO PAULO (Município). Guia de serviços. **Alvará de autorização para eventos temporários**. Disponível em: <http://www.prefeitura.sp.gov.br/cidade/secretarias/upload/alvara_evento_tempora-rio_1254232807.pdf>. Acesso em: 22 dez. 2013.

SEBRAE. **Como elaborar um plano de negócios**. Brasília: 2013. Disponível em: <http://www.sebrae-esp.com.br/arquivos_site/biblioteca/guias_cartilhas/Como_elaborar_um_plano_de_negocios.pdf>. Acesso em: 26 dez. 2013.

_____. **Guia prático para o registro de empresas**. Disponível em: <http://www.sebrae.com.br/ momento/quero-abrir-um-negocio/vou-abrir/registre-empresa/formalize/bia-14/BIA_14>. Acesso em: 26 dez. 2013.

SCHIMIDT, D. Olimpíadas 2016: oportunidades de negócios para 5 capitais. **Sebrae**, 21 nov. 2012. Disponível em: <http://www.sebraemercados.com.br/?p=18739>. Acesso em: 9 dez. 2013.

SIMÕES, R. P. **Relações públicas**: função política. 3. ed. São Paulo: Summus, 1995.

SISKIND, B. **O poder do marketing de exposições**: guia completo para ser bem-sucedido em exposições, feiras de negócios e convenções. Tradução de Lenita Rimoli Esteves. São Paulo: Senac, 2009.

UOL EDUCAÇÃO. **Pronomes de tratamento**: você, senhor, vossa excelência e outros, 9 jan. 2006. Disponível em: <http://educacao.uol.com.br/disciplinas/portugues/pronomes-de-tratamento-voce--senhor-vossa-excelencia-e-outros.htm>. Acesso em: 19 dez. 2013.

VELOSO, D. **Organização de eventos e solenidades**. Goiânia: AB, 2001.

WILLIAM, A. História, classificação e tipologia dos eventos. **Slideshare**, 18 mar. 2012. Disponível em: <http://pt.slideshare.net/zitoanthony/histria-classificao-e-tipoligia-dos-eventos>. Acesso em: 10 dez. 2013.

ZANELLA, L. C. **Manual de organização de eventos**: planejamento e operação. São Paulo: Atlas, 2012. p. 339-342.

ZITTA, C. **Organização de eventos**: da ideia à realidade. Brasília: Senac, 2009.

ZOBARAN, S. **Evento é assim mesmo!** Do conceito ao brinde. 2. ed. Rio de Janeiro: Senac, 2008.

Apêndice A

Lei Rouanet

Presidência da República
Casa Civil
Subchefia para Assuntos Jurídicos

LEI Nº 8.313, DE 23 DE DEZEMBRO DE 1991.

Restabelece princípios da Lei nº 7.505, de 2 de julho de 1986, institui o Programa Nacional de Apoio à Cultura (Pronac) e dá outras providências.

O PRESIDENTE DA REPÚBLICA Faço saber que o Congresso Nacional decreta e eu sanciono a seguinte lei:

CAPÍTULO I

Disposições Preliminares

Art. 1º Fica instituído o Programa Nacional de Apoio à Cultura (Pronac), com a finalidade de captar e canalizar recursos para o setor de modo a:

I - contribuir para facilitar, a todos, os meios para o livre acesso às fontes da cultura e o pleno exercício dos direitos culturais;

II - promover e estimular a regionalização da produção cultural e artística brasileira, com valorização de recursos humanos e conteúdos locais;

III - apoiar, valorizar e difundir o conjunto das manifestações culturais e seus respectivos criadores;

IV - proteger as expressões culturais dos grupos formadores da sociedade brasileira e responsáveis pelo pluralismo da cultura nacional;

V - salvaguardar a sobrevivência e o florescimento dos modos de criar, fazer e viver da sociedade brasileira;

VI - preservar os bens materiais e imateriais do patrimônio cultural e histórico brasileiro;

VII - desenvolver a consciência internacional e o respeito aos valores culturais de outros povos ou nações;

VIII - estimular a produção e difusão de bens culturais de valor universal, formadores e informadores de conhecimento, cultura e memória;

IX - priorizar o produto cultural originário do País.

Art. 2º O Pronac será implementado através dos seguintes mecanismos:

I - Fundo Nacional da Cultura (FNC);

II - Fundos de Investimento Cultural e Artístico (Ficart);

III - Incentivo a projetos culturais.

~~Parágrafo único. Os incentivos criados pela presente lei somente serão concedidos a projetos culturais que visem a exibição, utilização e circulação públicas dos bens culturais deles resultantes, vedada a concessão de incentivo a obras, produtos, eventos ou outros decorrentes, destinados ou circunscritos a circuitos privados ou a coleções particulares.~~

§ 1º Os incentivos criados por esta Lei somente serão concedidos a projetos culturais cuja exibição, utilização e circulação dos bens culturais deles resultantes sejam abertas, sem distinção, a qualquer pessoa, se gratuitas, e a público pagante, se cobrado ingresso.(Renumerado do parágrafo único pela Lei nº 11.646, de 2008)

§ 2º É vedada a concessão de incentivo a obras, produtos, eventos ou outros decorrentes, destinados ou circunscritos a coleções particulares ou circuitos privados que estabeleçam limitações de acesso. (Incluído pela Lei nº 11.646, de 2008)

Art. 3º Para cumprimento das finalidades expressas no art. 1º desta lei, os projetos culturais em cujo favor serão captados e canalizados os recursos do Pronac atenderão, pelo menos, um dos seguintes objetivos:

I - incentivo à formação artística e cultural, mediante:

a) concessão de bolsas de estudo, pesquisa e trabalho, no Brasil ou no exterior, a autores, artistas e técnicos brasileiros ou estrangeiros residentes no Brasil;

b) concessão de prêmios a criadores, autores, artistas, técnicos e suas obras, filmes, espetáculos musicais e de artes cênicas em concursos e festivais realizados no Brasil;

c) instalação e manutenção de cursos de caráter cultural ou artístico, destinados à formação, especialização e aperfeiçoamento de pessoal da área da cultura, em estabelecimentos de ensino sem fins lucrativos;

II - fomento à produção cultural e artística, mediante:

~~a) produção de discos, vídeos, filmes e outras formas de reprodução fonovideográfica de caráter cultural;~~

a) produção de discos, vídeos, obras cinematográficas de curta e média metragem e filmes documentais, preservação do acervo cinematográfico bem assim de outras obras de reprodução videofonográfica de caráter cultural; (Redação dada pela Medida Provisória nº 2.228-1, de 2001)

b) edição de obras relativas às ciências humanas, às letras e às artes;

c) realização de exposições, festivais de arte, espetáculos de artes cênicas, de música e de folclore;

d) cobertura de despesas com transporte e seguro de objetos de valor cultural destinados a exposições públicas no País e no exterior;

e) realização de exposições, festivais de arte e espetáculos de artes cênicas ou congêneres;

III - preservação e difusão do patrimônio artístico, cultural e histórico, mediante:

a) construção, formação, organização, manutenção, ampliação e equipamento de museus, bibliotecas, arquivos e outras organizações culturais, bem como de suas coleções e acervos;

b) conservação e restauração de prédios, monumentos, logradouros, sítios e demais espaços, inclusive naturais, tombados pelos Poderes Públicos;

c) restauração de obras de artes e bens móveis e imóveis de reconhecido valor cultural;

d) proteção do folclore, do artesanato e das tradições populares nacionais;

IV - estímulo ao conhecimento dos bens e valores culturais, mediante:

a) distribuição gratuita e pública de ingressos para espetáculos culturais e artísticos;

b) levantamentos, estudos e pesquisas na área da cultura e da arte e de seus vários segmentos;

c) fornecimento de recursos para o FNC e para fundações culturais com fins específicos ou para museus, bibliotecas, arquivos ou outras entidades de caráter cultural;

V - apoio a outras atividades culturais e artísticas, mediante:

a) realização de missões culturais no país e no exterior, inclusive através do fornecimento de passagens;

b) contratação de serviços para elaboração de projetos culturais;

~~c) ações não previstas nos incisos anteriores e consideradas relevantes pela Secretaria da Cultura da Presidência da República - SEC/PR, ouvida a Comissão Nacional de Incentivo à Cultura - CNIC.~~

c) ações não previstas nos incisos anteriores e consideradas relevantes pelo Ministro de Estado da Cultura, consultada a Comissão Nacional de Apoio à Cultura. (Redação dada pela Lei nº 9.874, de 1999)

CAPÍTULO II

Do Fundo Nacional da Cultura (FNC)

Art. 4º Fica ratificado o Fundo de Promoção Cultural, criado pela Lei nº 7.505, de 2 de julho de 1986, que passará a denominar-se Fundo Nacional da Cultura (FNC), com o objetivo de captar e destinar recursos para projetos culturais compatíveis com as finalidades do Pronac e de:

I - estimular a distribuição regional eqüitativa dos recursos a serem aplicados na execução de projetos culturais e artísticos;

II - favorecer a visão interestadual, estimulando projetos que explorem propostas culturais conjuntas, de enfoque regional;

III - apoiar projetos dotados de conteúdo cultural que enfatizem o aperfeiçoamento profissional e artístico dos recursos humanos na área da cultura, a criatividade e a diversidade cultural brasileira;

IV - contribuir para a preservação e proteção do patrimônio cultural e histórico brasileiro;

V - favorecer projetos que atendam às necessidades da produção cultural e aos interesses da coletividade, aí considerados os níveis qualitativos e quantitativos de atendimentos às demandas culturais existentes, o caráter multiplicador dos projetos através de seus aspectos sócio-culturais e a priorização de projetos em áreas artísticas e culturais com menos possibilidade de desenvolvimento com recursos próprios.

~~§ 1º O FNC será administrado pela Secretaria da Cultura da Presidência da República - SEC/PR e gerido por seu titular, assessorado por um comitê constituído dos diretores da SEC/PR e dos presidentes das entidades supervisionadas,~~

Apêndice A - Lei Rouanet

111

~~para cumprimento do Programa de Trabalho Anual aprovado pela Comissão Nacional de Incentivo à Cultura - CNIC de que trata o art. 32 desta Lei, segundo os princípios estabelecidos nos artigos 1º e 3º da mesma.~~

~~§ 2º Os recursos do FNC serão aplicados em projetos culturais submetidos com parecer da entidade supervisionada competente na área do projeto, ao Comitê Assessor, na forma que dispuser o regulamento.~~

§ 1º O FNC será administrado pelo Ministério da Cultura e gerido por seu titular, para cumprimento do Programa de Trabalho Anual, segundo os princípios estabelecidos nos arts. 1º e 3º. (Redação dada pela Lei nº 9.874, de 1999)

§ 2º Os recursos do FNC somente serão aplicados em projetos culturais após aprovados, com parecer do órgão técnico competente, pelo Ministro de Estado da Cultura. (Redação dada pela Lei nº 9.874, de 1999)

§ 3º Os projetos aprovados serão acompanhados e avaliados tecnicamente pelas entidades supervisionadas, cabendo a execução financeira à SEC/PR.

§ 4º Sempre que necessário, as entidades supervisionadas utilizarão peritos para análise e parecer sobre os projetos, permitida a indenização de despesas com o deslocamento, quando houver, e respectivos pró-labore e ajuda de custos, conforme ficar definido no regulamento.

§ 5º O Secretário da Cultura da Presidência da República designará a unidade da estrutura básica da SEC/PR que funcionará como secretaria executiva do FNC.

~~§ 6º Os recursos do FNC não poderão ser utilizados para despesas de manutenção administrativa da SEC/PR.~~

§ 6º Os recursos do FNC não poderão ser utilizados para despesas de manutenção administrativa do Ministério da Cultura, exceto para a aquisição ou locação de equipamentos e bens necessários ao cumprimento das finalidades do Fundo. (Redação dada pela Lei nº 9.874, de 1999)

§ 7º Ao término do projeto, a SEC/PR efetuará uma avaliação final de forma a verificar a fiel aplicação dos recursos, observando as normas e procedimentos a serem definidos no regulamento desta lei, bem como a legislação em vigor.

§ 8º As instituições públicas ou privadas recebedoras de recursos do FNC e executoras de projetos culturais, cuja avaliação final não for aprovada pela SEC/PR, nos termos do parágrafo anterior, ficarão inabilitadas pelo prazo de três anos ao recebimento de novos recursos, ou enquanto a SEC/PR não proceder a reavaliação do parecer inicial.

Art. 5º O FNC é um fundo de natureza contábil, com prazo indeterminado de duração, que funcionará sob as formas de apoio a fundo perdido ou de empréstimos reembolsáveis, conforme estabelecer o regulamento, e constituído dos seguintes recursos:

I - recursos do Tesouro Nacional;

II - doações, nos termos da legislação vigente;

III - legados;

IV - subvenções e auxílios de entidades de qualquer natureza, inclusive de organismos internacionais;

V - saldos não utilizados na execução dos projetos a que se referem o Capítulo IV e o presente capítulo desta lei;

VI - devolução de recursos de projetos previstos no Capítulo IV e no presente capítulo desta lei, e não iniciados ou interrompidos, com ou sem justa causa;

VII - um por cento da arrecadação dos Fundos de Investimentos Regionais, a que se refere a Lei nº 8.167, de 16 de janeiro de 1991, obedecida na aplicação a respectiva origem geográfica regional;

~~VIII - um por cento da arrecadação bruta das loterias federais, deduzindo-se este valor do montante destinado aos prêmios;~~

~~VIII - um por cento da arrecadação bruta dos concursos de prognósticos e loterias federais e similares cuja realização estiver sujeita a autorização federal, deduzindo-se este valor do montante destinados aos prêmios; (Redação dada pela Lei nº 9.312, de 1996) (Regulamento)~~

VIII - Três por cento da arrecadação bruta dos concursos de prognósticos e loterias federais e similares cuja realização estiver sujeita a autorização federal, deduzindo-se este valor do montante destinados aos prêmios; (Redação dada pela Lei nº 9.999, de 2000)

IX - reembolso das operações de empréstimo realizadas através do fundo, a título de financiamento reembolsável, observados critérios de remuneração que, no mínimo, lhes preserve o valor real;

X - resultado das aplicações em títulos públicos federais, obedecida a legislação vigente sobre a matéria;

XI - conversão da dívida externa com entidades e órgãos estrangeiros, unicamente mediante doações, no limite a ser fixado pelo Ministro da Economia, Fazenda e Planejamento, observadas as normas e procedimentos do Banco Central do Brasil;

XII - saldos de exercícios anteriores; XIII recursos de outras fontes.

Art. 6º O FNC financiará até oitenta por cento do custo total de cada projeto, mediante comprovação, por parte do proponente, ainda que pessoa jurídica de direito público, da circunstância de dispor do montante remanescente ou estar habilitado à obtenção do respectivo financiamento, através de outra fonte devidamente identificada, exceto quanto aos recursos com destinação especificada na origem.

§ 1º (Vetado)

§ 2º Poderão ser considerados, para efeito de totalização do valor restante, bens e serviços oferecidos pelo proponente para implementação do projeto, a serem devidamente avaliados pela SEC/PR.

Art. 7º A SEC/PR estimulará, através do FNC, a composição, por parte de instituições financeiras, de carteiras para financiamento de projetos culturais, que levem em conta o caráter social da iniciativa, mediante critérios, normas, garantias e taxas de juros especiais a serem aprovados pelo Banco Central do Brasil.

CAPÍTULO III

Dos Fundos de Investimento Cultural e Artístico (Ficart)

Art. 8º Fica autorizada a constituição de Fundos de Investimento Cultural e Artístico (Ficart), sob a forma de condomínio, sem personalidade jurídica, caracterizando comunhão de recursos destinados à aplicação em projetos culturais e artísticos.

~~Art. 9º São considerados projetos culturais e artísticos, para fins de aplicação de recursos dos FICART, além de outros que assim venham a ser declarados pela CNIC.~~

Art. 9º São considerados projetos culturais e artísticos, para fins de aplicação de recursos do FICART, além de outros que venham a ser declarados pelo Ministério da Cultura: (Redação dada pela Lei nº 9.874, de 1999)

I - a produção comercial de instrumentos musicais, bem como de discos, fitas, vídeos, filmes e outras formas de reprodução fonovideográficas;

II - a produção comercial de espetáculos teatrais, de dança, música, canto, circo e demais atividades congêneres;

III - a edição comercial de obras relativas às ciências, às letras e às artes, bem como de obras de referência e outras de cunho cultural;

IV - construção, restauração, reparação ou equipamento de salas e outros ambientes destinados a atividades com objetivos culturais, de propriedade de entidades com fins lucrativos;

Apêndice A - Lei Rouanet

~~V - outras atividades comerciais ou industrias, de interesse cultural, assim considerados pela SEC/PR, ouvida a CNIC.~~

V - outras atividades comerciais ou industriais, de interesse cultural, assim consideradas pelo Ministério da Cultura. (Redação dada pela Lei nº 9.874, de 1999)

Art. 10. Compete à Comissão de Valores Mobiliários, ouvida a SEC/PR, disciplinar a constituição, o funcionamento e a administração dos Ficart, observadas as disposições desta lei e as normas gerais aplicáveis aos fundos de investimento.

Art. 11. As quotas dos Ficart, emitidas sempre sob a forma nominativa ou escritural, constituem valores mobiliários sujeitos ao regime da Lei nº 6.385, de 7 de dezembro de 1976.

Art. 12. O titular das quotas de Ficart:

I - não poderá exercer qualquer direito real sobre os bens e direitos integrantes do patrimônio do fundo;

II - não responde pessoalmente por qualquer obrigação legal ou contratual, relativamente aos empreendimentos do fundo ou da instituição administradora, salvo quanto à obrigação de pagamento do valor integral das quotas subscritas.

Art. 13. A instituição administradora de Ficart compete:

I - representá-lo ativa e passivamente, judicial e extrajudicialmente;

II - responder pessoalmente pela evicção de direito, na eventualidade da liquidação deste.

Art. 14. Os rendimentos e ganhos de capital auferidos pelos Ficart ficam isentos do imposto sobre operações de crédito, câmbio e seguro, assim como do imposto sobre renda e proventos de qualquer natureza. (Vide Lei nº 8.894, de 1994)

Art. 15. Os rendimentos e ganhos de capital distribuídos pelos Ficart, sob qualquer forma, sujeitam-se à incidência do imposto sobre a renda na fonte à alíquota de vinte e cinco por cento.

Parágrafo único. Ficam excluídos da incidência na fonte de que trata este artigo, os rendimentos distribuídos a beneficiário pessoas jurídica tributada com base no lucro real, os quais deverão ser computados na declaração anual de rendimentos.

Art. 16. Os ganhos de capital auferidos por pessoas físicas ou jurídicas não tributadas com base no lucro real, inclusive isentas, decorrentes da alienação ou resgate de quotas dos Ficart, sujeitam-se à incidência do imposto sobre a renda, à mesma alíquota prevista para a tributação de rendimentos obtidos na alienação ou resgate de quotas de fundos mútuos de ações.

§ 1º Considera-se ganho de capital a diferença positiva entre o valor de cessão ou resgate da quota e o custo médio atualizado da aplicação, observadas as datas de aplicação, resgate ou cessão, nos termos da legislação pertinente.

§ 2º O ganho de capital será apurado em relação a cada resgate ou cessão, sendo permitida a compensação do prejuízo havido em uma operação com o lucro obtido em outra, da mesma ou diferente espécie, desde que de renda variável, dentro do mesmo exercício fiscal.

§ 3º O imposto será pago até o último dia útil da primeira quinzena do mês subseqüente àquele em que o ganho de capital foi auferido.

§ 4º Os rendimentos e ganhos de capital a que se referem o caput deste artigo e o artigo anterior, quando auferidos por investidores residentes ou domiciliados no exterior, sujeitam-se à tributação pelo imposto sobre a renda, nos termos da legislação aplicável a esta classe de contribuintes.

Art. 17. O tratamento fiscal previsto nos artigos precedentes somente incide sobre os rendimentos decorrentes de aplicações em Ficart que atendam a todos os requisitos previstos na presente lei e na respectiva regulamentação a ser baixada pela Comissão de Valores Mobiliários.

Parágrafo único. Os rendimentos e ganhos de capital auferidos por Ficart, que deixem de atender aos requisitos específicos desse tipo de fundo, sujeitar-se-ão à tributação prevista no artigo 43 da Lei nº 7.713, de 22 de dezembro de 1988.

CAPÍTULO IV

Do Incentivo a Projetos Culturais

~~Art. 18 Com o objetivo de incentivar as atividades culturais, a União facultará às pessoas físicas ou jurídicas a opção pela aplicação de parcelas do Imposto sobre a Renda a título de doações ou patrocínios, tanto no apoio direto a projetos culturais apresentados por pessoas físicas ou por pessoas jurídicas de natureza cultural, de caráter privado, como através de contribuições ao FNC, nos termos do artigo 5º inciso II desta Lei, desde que os projetos atendam aos critérios estabelecidos no art. 1º desta Lei, em torno dos quais será dada prioridade de execução pela CNIC.~~

Art. 18. Com o objetivo de incentivar as atividades culturais, a União facultará às pessoas físicas ou jurídicas a opção pela aplicação de parcelas do Imposto sobre a Renda, a título de doações ou patrocínios, tanto no apoio direto a projetos culturais apresentados por pessoas físicas ou por pessoas jurídicas de natureza cultural, como através de contribuições ao FNC, nos termos do art. 5º, inciso II, desta Lei, desde que os projetos atendam aos critérios estabelecidos no art. 1º desta Lei. (Redação dada pela Lei nº 9.874, de 1999)

§ 1º Os contribuintes poderão deduzir do imposto de renda devido as quantias efetivamente despendidas nos projetos elencados no § 3º, previamente aprovados pelo Ministério da Cultura, nos limites e nas condições estabelecidos na legislação do imposto de renda vigente, na forma de: (Incluído pela Lei nº 9.874, de 1999)

a) doações; e (Incluída pela Lei nº 9.874, de 1999)

b) patrocínios. (Incluída pela Lei nº 9.874, de 1999)

§ 2º As pessoas jurídicas tributadas com base no lucro real não poderão deduzir o valor da doação ou do patrocínio referido no parágrafo anterior como despesa operacional.(Incluído pela Lei nº 9.874, de 1999)

~~§ 3º As doações e os patrocínios na produção cultural, a que se refere o § 1º, atenderão exclusivamente aos seguintes segmentos: (Incluído pela Lei nº 9.874, de 1999)~~

~~a) artes cênicas; (Incluída pela Lei nº 9.874, de 1999)~~

~~b) livros de valor artístico, literário ou humanístico; (Incluída pela Lei nº 9.874, de 1999)~~

~~c) música erudita ou instrumental; (Incluída pela Lei nº 9.874, de 1999)~~

~~d) circulação de exposições de artes plásticas; (Incluída pela Lei nº 9.874, de 1999)~~

~~e) doações de acervos para bibliotecas públicas e para museus. (Incluída pela Lei nº 9.874, de 1999)~~

§ 3º As doações e os patrocínios na produção cultural, a que se refere o § 1º, atenderão exclusivamente aos seguintes segmentos: (Redação dada pela Medida Provisória nº 2.228-1, de 2001)

a) artes cênicas; (Redação dada pela Medida Provisória nº 2.228-1, de 2001)

b) livros de valor artístico, literário ou humanístico; (Redação dada pela Medida Provisória nº 2.228-1, de 2001)

c) música erudita ou instrumental; (Redação dada pela Medida Provisória nº 2.228-1, de 2001)

d) exposições de artes visuais; (Redação dada pela Medida Provisória nº 2.228-1, de 2001)

e) doações de acervos para bibliotecas públicas, museus, arquivos públicos e cinematecas, bem como treinamento de pessoal e aquisição de equipamentos para a manutenção desses acervos; (Redação dada pela Medida Provisória nº 2.228-1, de 2001)

f) produção de obras cinematográficas e videofonográficas de curta e média metragem e preservação e difusão do acervo audiovisual; e (Incluída pela Medida Provisória nº 2.228-1, de 2001)

g) preservação do patrimônio cultural material e imaterial. (Incluída pela Medida Provisória nº 2.228-1, de 2001)

h) construção e manutenção de salas de cinema e teatro, que poderão funcionar também como centros culturais comunitários, em Municípios com menos de 100.000 (cem mil) habitantes. (Incluído pela Lei nº 11.646, de 2008)

~~Art. 19. Os projetos culturais previstos nesta Lei serão apresentados à SEC/PR, ou a quem esta delegar a atribuição, acompanhados de planilha de custos, para aprovação de seu enquadramento nos objetivos do PRONAC e posterior encaminhamento à CNIC para decisão final.~~

~~§ 1º No prazo máximo de noventa dias do seu recebimento poderá a SEC/PR notificar o proponente do projeto de não fazer jus aos benefícios pretendidos, informando os motivos da decisão.~~

~~§ 2º Da notificação a que se refere o parágrafo anterior, caberá recurso à CNIC, que deverá decidir no prazo de sessenta dias.~~

Art. 19. Os projetos culturais previstos nesta Lei serão apresentados ao Ministério da Cultura, ou a quem este delegar atribuição, acompanhados do orçamento analítico, para aprovação de seu enquadramento nos objetivos do PRONAC. (Redação dada pela Lei nº 9.874, de 1999)

§ 1º O proponente será notificado dos motivos da decisão que não tenha aprovado o projeto, no prazo máximo de cinco dias. (Redação dada pela Lei nº 9.874, de 1999)

§ 2º Da notificação a que se refere o parágrafo anterior, caberá pedido de reconsideração ao Ministro de Estado da Cultura, a ser decidido no prazo de sessenta dias. (Redação dada pela Lei nº 9.874, de 1999)

§ 3º (Vetado)

§ 4º (Vetado)

§ 5º (Vetado)

§ 6º A aprovação somente terá eficácia após publicação de ato oficial contendo o título do projeto aprovado e a instituição por ele responsável, o valor autorizado para obtenção de doação ou patrocínio e o prazo de validade da autorização.

~~§ 7º A SEC/PR publicará anualmente, até 28 de fevereiro, o montante de recursos autorizados no exercício anterior pela CNIC, nos termos do disposto nesta Lei, devidamente discriminados por beneficiário.~~

§ 7º O Ministério da Cultura publicará anualmente, até 28 de fevereiro, o montante dos recursos autorizados pelo Ministério da Fazenda para a renúncia fiscal no exercício anterior, devidamente discriminados por beneficiário. (Redação dada pela Lei nº 9.874, de 1999)

§ 8º Para a aprovação dos projetos será observado o princípio da não-concentração por segmento e por beneficiário, a ser aferido pelo montante de recursos, pela quantidade de projetos, pela respectiva capacidade executiva e pela disponibilidade do valor absoluto anual de renúncia fiscal. (Incluído pela Lei nº 9.874, 1999)

Art. 20. Os projetos aprovados na forma do artigo anterior serão, durante sua execução, acompanhados e avaliados pela SEC/PR ou por quem receber a delegação destas atribuições.

§ 1º A SEC/PR, após o término da execução dos projetos previstos neste artigo, deverá, no prazo de seis meses, fazer uma avaliação final da aplicação correta dos recursos recebidos, podendo inabilitar seus responsáveis pelo prazo de até três anos.

~~§ 2º Da Decisão da SEC/PR caberá recurso à CNIC, que decidirá no prazo de sessenta dias.~~

§ 2º Da decisão a que se refere o parágrafo anterior, caberá pedido de reconsideração ao Ministro de Estado da Cultura, a ser decidido no prazo de sessenta dias. (Redação dada pela Lei nº 9.874, de 1999)

§ 3º O Tribunal de Contas da União incluirá em seu parecer prévio sobre as contas do Presidente da República análise relativa a avaliação de que trata este artigo.

Art. 21. As entidades incentivadoras e captadoras de que trata este Capítulo deverão comunicar, na forma que venha a ser estipulada pelo Ministério da Economia, Fazenda e Planejamento, e SEC/PR, os aportes financeiros realizados e recebidos, bem como as entidades captadoras efetuar a comprovação de sua aplicação.

Art. 22. Os projetos enquadrados nos objetivos desta lei não poderão ser objeto de apreciação subjetiva quanto ao seu valor artístico ou cultural.

Art. 23. Para os fins desta lei, considera-se:

I - (Vetado)

II - patrocínio: a transferência de numerário, com finalidade promocional ou a cobertura, pelo contribuinte do imposto sobre a renda e proventos de qualquer natureza, de gastos, ou a utilização de bem móvel ou imóvel do seu patrimônio, sem a transferência de domínio, para a realização, por outra pessoa física ou jurídica de atividade cultural com ou sem finalidade lucrativa prevista no art. 3º desta lei.

§ 1º Constitui infração a esta Lei o recebimento pelo patrocinador, de qualquer vantagem financeira ou material em decorrência do patrocínio que efetuar.

§ 2º As transferências definidas neste artigo não estão sujeitas ao recolhimento do Imposto sobre a Renda na fonte.

Art. 24. Para os fins deste Capítulo, equiparam-se a doações, nos termos do regulamento:

I - distribuições gratuitas de ingressos para eventos de caráter artístico-cultural por pessoa jurídica a seus empregados e dependentes legais;

II - despesas efetuadas por pessoas físicas ou jurídicas com o objetivo de conservar, preservar ou restaurar bens de sua propriedade ou sob sua posse legítima, tombados pelo Governo Federal, desde que atendidas as seguintes disposições:

a) preliminar definição, pelo Instituto Brasileiro do Patrimônio Cultural - IBPC, das normas e critérios técnicos que deverão reger os projetos e orçamentos de que trata este inciso;

b) aprovação prévia, pelo IBPC, dos projetos e respectivos orçamentos de execução das obras;

c) posterior certificação, pelo referido órgão, das despesas efetivamente realizadas e das circunstâncias de terem sido as obras executadas de acordo com os projetos aprovados.

Art. 25. Os projetos a serem apresentados por pessoas físicas ou pessoas jurídicas, de natureza cultural para fins de incentivo, objetivarão desenvolver as formas de expressão, os modos de criar e fazer, os processos de preservação e proteção do patrimônio cultural brasileiro, e os estudos e métodos de interpretação da realidade cultural, bem como contribuir para propiciar meios, à população em geral, que permitam o conhecimento dos bens de valores artísticos e culturais, compreendendo, entre outros, os seguintes segmentos:

I - teatro, dança, circo, ópera, mímica e congêneres;

II - produção cinematográfica, videográfica, fotográfica, discográfica e congêneres;

III - literatura, inclusive obras de referência;

IV - música;

V - artes plásticas, artes gráficas, gravuras, cartazes, filatelia e outras congêneres;

VI - folclore e artesanato;

VII - patrimônio cultural, inclusive histórico, arquitetônico, arqueológico, bibliotecas, museus, arquivos e demais acervos;

VIII - humanidades; e

IX - rádio e televisão, educativas e culturais, de caráter não-comercial.

~~Parágrafo único. Os projetos culturais relacionados com os segmentos do inciso II deste artigo deverão beneficiar exclusivamente as produções independentes, bem como as produções culturais-educativas de caráter não comercial, realizadas por empresas de rádio e televisão. (Redação dada pela Lei nº 9.874, de 1999)~~

Art. 26. O doador ou patrocinador poderá deduzir do imposto devido na declaração do Imposto sobre a Renda os valores efetivamente contribuídos em favor de projetos culturais aprovados de acordo com os dispositivos desta Lei, tendo como base os seguintes percentuais: (Vide arts. 5º e 6º, Inciso II da Lei nº 9.532 de, 1997)

I - no caso das pessoas físicas, oitenta por cento das doações e sessenta por cento dos patrocínios;

II - no caso das pessoas jurídicas tributadas com base no lucro real, quarenta por cento das doações e trinta por cento dos patrocínios.

§ 1º A pessoa jurídica tributada com base no lucro real poderá abater as doações e patrocínios como despesa operacional.

§ 2º O valor máximo das deduções de que trata o **caput** deste artigo será fixado anualmente pelo Presidente da República, com base em um percentual da renda tributável das pessoas físicas e do imposto devido por pessoas jurídicas tributadas com base no lucro real.

§ 3º Os benefícios de que trata este artigo não excluem ou reduzem outros benefícios, abatimentos e deduções em vigor, em especial as doações a entidades de utilidade pública efetuadas por pessoas físicas ou jurídicas.

§ 4º (Vetado)

§ 5º O Poder Executivo estabelecerá mecanismo de preservação do valor real das contribuições em favor de projetos culturais, relativamente a este Capítulo.

Art. 27. A doação ou o patrocínio não poderá ser efetuada a pessoa ou instituição vinculada ao agente.

§ 1º Consideram-se vinculados ao doador ou patrocinador:

a) a pessoa jurídica da qual o doador ou patrocinador seja titular, administrador, gerente, acionista ou sócio, na data da operação, ou nos doze meses anteriores;

b) o cônjuge, os parentes até o terceiro grau, inclusive os afins, e os dependentes do doador ou patrocinador ou dos titulares, administradores, acionistas ou sócios de pessoa jurídica vinculada ao doador ou patrocinador, nos termos da alínea anterior;

c) outra pessoa jurídica da qual o doador ou patrocinador seja sócio.

~~§ 2º. Não se consideram vinculadas as instituições culturais sem fins lucrativos, criadas pelo doador ou patrocinador, desde que, devidamente constituídas e em funcionamento, na forma da legislação em vigor e aprovadas pela CNIC.~~

§ 2º Não se consideram vinculadas as instituições culturais sem fins lucrativos, criadas pelo doador ou patrocinador, desde que devidamente constituídas e em funcionamento, na forma da legislação em vigor. (Redação dada pela Lei nº 9.874, de 1999)

Art. 28. Nenhuma aplicação dos recursos previstos nesta Lei poderá ser feita através de qualquer tipo de intermediação.

~~Parágrafo único. A contratação de serviços necessários à elaboração de projetos para obtenção de doação, patrocínio ou investimentos não configura a intermediação referida neste artigo.~~

Parágrafo único. A contratação de serviços necessários à elaboração de projetos para a obtenção de doação, patrocínio ou investimento, bem como a captação de recursos ou a sua execução por pessoa jurídica de natureza cultural, não configura a intermediação referida neste artigo. (Redação dada pela Lei nº 9.874, de 1999)

Art. 29. Os recursos provenientes de doações ou patrocínios deverão ser depositados e movimentados, em conta bancária específica, em nome do beneficiário, e a respectiva prestação de contas deverá ser feita nos termos do regulamento da presente Lei.

Parágrafo único. Não serão consideradas, para fins de comprovação do incentivo, as contribuições em relação às quais não se observe esta determinação.

Art. 30. As infrações aos dispositivos deste capítulo, sem prejuízo das sanções penais cabíveis, sujeitarão o doador ou patrocinador ao pagamento do valor atualizado do Imposto sobre a Renda devido em relação a cada exercício financeiro, além das penalidades e demais acréscimos previstos na legislação que rege a espécie.

~~Parágrafo único. Para os efeitos deste artigo, considera-se solidariamente responsável por inadimplência ou irregularidade verificada a pessoa física ou jurídica propositora do projeto.~~

§ 1º Para os efeitos deste artigo, considera-se solidariamente responsável por inadimplência ou irregularidade verificada a pessoa física ou jurídica propositora do projeto. (Renumerado do parágrafo único pela Lei nº 9.874, de 1999)

§ 2º A existência de pendências ou irregularidades na execução de projetos da proponente junto ao Ministério da Cultura suspenderá a análise ou concessão de novos incentivos, até a efetiva regularização. (Incluído pela Lei nº 9.874, de 1999)

§ 3º Sem prejuízo do parágrafo anterior, aplica-se, no que couber, cumulativamente, o disposto nos arts. 38 e seguintes desta Lei. (Incluído pela Lei nº 9.874, de 1999)

CAPÍTULO V

Das Disposições Gerais e Transitórias

Art. 31. Com a finalidade de garantir a participação comunitária, a representação de artista e criadores no trato oficial dos assuntos da cultura e a organização nacional sistêmica da área, o Governo Federal estimulará a institucionalização de Conselhos de Cultura no Distrito Federal, nos Estados, e nos Municípios.

Art. 31-A. Para os efeitos desta Lei, ficam reconhecidos como manifestação cultural a música gospel e os eventos a ela relacionados, exceto aqueles promovidos por igrejas. (Incluída pela Lei nº 12.590, de 2011)

Art. 32. Fica instituída a Comissão Nacional de incentivo à Cultura - CNIC, com a seguinte composição:

I - o Secretário da Cultura da Presidência da República;

II - os Presidentes das entidades supervisionadas pela SEC/PR;

III - o Presidente da entidade nacional que congregar os Secretários de Cultura das Unidades Federadas;

IV - um representante do empresariado brasileiro;

V - seis representantes de entidades associativas dos setores culturais e artísticos de âmbito nacional.

§ 1º A CNIC será presidida pela autoridade referida no inciso I deste artigo que, para fins de desempate terá o voto de qualidade.

§ 2º Os mandatos, a indicação e a escolha dos representantes a que se referem os incisos IV e V deste artigo, assim como a competência da CNIC, serão estipulados e definidos pelo regulamento desta Lei.

Art. 33. A SEC/PR, com a finalidade de estimular e valorizar a arte e a cultura, estabelecerá um sistema de premiação anual que reconheça as contribuições mais significativas para a área:

I - de artistas ou grupos de artistas brasileiros ou residentes no Brasil, pelo conjunto de sua obra ou por obras individuais;

II - de profissionais da área do patrimônio cultural;

III - de estudiosos e autores na interpretação crítica da cultura nacional, através de ensaios, estudos e pesquisas.

Art. 34. Fica instituída a Ordem do Mérito Cultural, cujo estatuto será aprovado por Decreto do Poder Executivo, sendo que as distinções serão concedidas pelo Presidente da República, em ato solene, a pessoas que, por sua atuação profissional ou como incentivadoras das artes e da cultura, mereçam reconhecimento. (Regulamento)

Art. 35. Os recursos destinados ao então Fundo de Promoção Cultural, nos termos do art. 1º, § 6º, da Lei nº 7.505, de 2 de julho de 1986, serão recolhidos ao Tesouro Nacional para aplicação pelo FNC, observada a sua finalidade.

Art. 36. O Departamento da Receita Federal, do Ministério da Economia, Fazenda e Planejamento, no exercício de suas atribuições específicas, fiscalizará a efetiva execução desta Lei, no que se refere à aplicação de incentivos fiscais nela previstos.

Art. 37. O Poder Executivo a fim de atender o disposto no art. 26, § 2º, desta Lei, adequando-o às disposições da Lei de Diretrizes Orçamentárias, enviará, no prazo de 30 dias, Mensagem ao Congresso Nacional, estabelecendo o total da renúncia fiscal e correspondente cancelamento de despesas orçamentárias.

Art. 38. Na hipótese de dolo, fraude ou simulação, inclusive no caso de desvio de objeto, será aplicada, ao doador e ao beneficiário, multa correspondente a duas vezes o valor da vantagem recebida indevidamente.

Art. 39. Constitui crime, punível com a reclusão de dois a seis meses e multa de vinte por cento do valor do projeto, qualquer discriminação de natureza política que atente contra a liberdade de expressão, de atividade intelectual e artística, de consciência ou crença, no andamento dos projetos a que se refere esta Lei.

Art. 40. Constitui crime, punível com reclusão de dois a seis meses e multa de vinte por cento do valor do projeto, obter redução do imposto de renda utilizando-se fraudulentamente de qualquer benefício desta Lei.

§ 1º No caso de pessoa jurídica respondem pelo crime o acionista controlador e os administradores que para ele tenham concorrido.

§ 2º Na mesma pena incorre aquele que, recebendo recursos, bens ou valores em função desta Lei, deixa de promover, sem justa causa, atividade cultural objeto do incentivo.

Art. 41. O Poder Executivo, no prazo de sessenta dias, Regulamentará a presente lei.

Art. 42. Esta lei entra em vigor na data de sua publicação.

Art. 43. Revogam-se as disposições em contrário.

Brasília, 23 de dezembro de 1991; 170º da Independência e 103º da República.

FERNANDO COLLOR

Jarbas Passarinho

Este texto não substitui o publicado no D.O.U. de 24.12.1991